遊 ぶ ・ 暮 ら す

子どもの放課後
にかかわる人の
Q&A 50
子どもの力になるプレイワーク実践

プレイワーク研究会　編

学文社

まえがき

　地域で過ごす時間が少なくなった子どもたちにとって放課後の居場所は貴重な「その他の場所」です。

　学校でもなく家庭でもない場で、「遊ぶ・暮らす」子どもたちとともに時間を過ごす大人たちは、子どもたちの日常にどう寄り添えばいいのでしょうか。日々の子どもたちとのやりとりの中で、どうしたらいいかな、と迷う場面はたくさんあることでしょう。この本は、子どもとかかわることを仕事にしている人たちが、そういった場面でどうしたらいいかについて、同じように子どもたちと過ごしてきた筆者たちが経験を持ち寄って対応を考え、答えた本です。まず、現場からあがったたくさんの困りごとを整理し、それから、日常の実践に役立つように考え方を書きました。

　少子化、都会化の中で、生活体験の少ない子どもたちが、今の社会に合わせて生きようと四苦八苦しています。対人コミュニケーションの機会も全身で工夫して遊ぶ機会もなく育った子どもたちを十分に理解して接するには、知識と技術と知恵が必要です。

　初心者の方たちには、こんなふうに子どもたちに向き合えばいいのだと知ってほしいと思います。経験者の方たちには、そうだそうだとうなずきながら、時にはあーそうだったのかぁ、ちょっと思い違いしていたなぁ、今度から少しやり方を変えてみようと思いながら読んでほしいと思います。

まえがき

　執筆者は、長年、子どもたちとかかわることを仕事にしている7人です。2011年に『こどもの「遊ぶ」を支える大人の役割：プレイワーク研修テキスト』＊（プレイワーク研究会編）をまとめました。このとき研究に参加したメンバーの有志と編集者が、2015年からその成果をもとに膝を突き合わせて何回も集まり、現場の声を聴きながら、原稿を推敲して本書を作成しました。

　放課後児童クラブ、児童館、冒険遊び場、児童養護施設などの子ども関連施設のスタッフや、学校教員、幼稚園教諭、保育士、塾のスタッフ、医療関係者など子どもにかかわる仕事についているみなさんはもとより、そのような仕事を志望している学生や保護者、子ども関連の事業を行っている企業の方などにもぜひじっくり読んでいただきたいと思います。
　きっと子どもたちとともに自分の成長を感じることができるようになるでしょう。

　2017年1月

プレイワーク研究会

＊（財）こども未来財団・平成22年度児童関連サービス調査研究等事業・児童健全育成分野調査研究課題「プレイワーカーの育成に関する研究」（主任研究者　武田信子）の報告書3冊の中の1冊として刊行。

まえがき 2

プレイワークのすすめ—子どもの遊びにかかわるすべての人へ……… 8
この本の使い方……………………………………………………………… 10

子どもの放課後にかかわる人の Q&A50

子どもとのかかわり

Q1	物を使っても片づけません。……………………………………… 12
Q2	ぬいぐるみを学童保育クラブに持ってくる子がいます。………… 14
Q3	物を大切にしない子が多いです。…………………………………… 16
Q4	木の枝、実、花を校庭から取ってきてしまう子がいます。……… 18
Q5	どうしたら、もっと聞きわけのいい子になるでしょうか。……… 20
Q6	礼儀を身につけさせるためには、 　　　　どう指導したらいいでしょう。……………………………… 22
Q7	子どもがさまざまなことに飽きっぽいのが気になります。……… 24
Q8	戦いごっこの加減がわからず 　　　　力一杯やってしまう子がいます。…………………………… 26
Q9	子どもたちについ強い態度で接してしまうことがあります。…… 28
Q10	「ちょっと待ってて」と 　　　　子どもに言ってばかりになっています。………………… 30
Q11	棒を作っては人をたたく子がいて困っています。……………… 32
Q12	ケンカにどう対応していいかわかりません。…………………… 34
Q13	他の子と交ざらない子への働きかけに悩んでいます。………… 36
Q14	いつも言い訳が先に出る子がいて、気にかかります。………… 38

Q15 仲間はずれやいじめにどう対応すればいいかわかりません ………… 40

Q16 その子の気に入っているおもちゃを隠していじめる子がいます。
———————————————————————————— 42

Q17 自慢したり、嘘をついたりする子がいて、
いったいどうしようかと思います。 ———————— 44

Q18 子どもから暴言を吐かれます。
どうしたらよいのでしょうか。 ———————— 46

Q19 子どもからおんぶや肩車、
だっこを求められることがあります。 ———————— 48

Q20 エロいマンガを持ってくる子がいて、困っています。 ………… 50

Q21 配慮が必要な子へ意地悪する子がいて、困っています。 ……… 52

Q22 落ち着きなく動き回る子どもを落ち着かせることはできますか。
———————————————————————————— 54

Q23 鬼ごっこでオニになると抜ける子がいます。 ———————— 56

Q24 帰る時間がバラバラで、集団遊びができません。 ————— 58

Q25 遊びよりもスポーツをさせて子どもを育てたいです。 ———— 60

コラム● 私が初心者だったころ ————————————— 62
コラム● 大人には見えない ————————————— 63

保護者とのかかわり

Q26 ケガに保護者からのクレームが入るので、
子どもに好きなことをさせられません。 ———————— 64

Q27 いろいろずれを感じる保護者とのつきあい方に悩んでいます。 … 66

Q28 服を汚すと、子どもが叱られます。
どうしたらいいでしょうか。 ———————— 68

Q29 サービスの提供者として求められてしまい、

5

子どものための実践ができません。 ································· 70

Q30 「とにかく宿題をさせてください！」という親に、
　　　どう対応したらよいのでしょうか。 ························· 72

Q31 外国人の保護者とのコミュニケーションの取り方がわかりません。
　　　·· 74

Q32 家庭状況にどこまで入ってよいのか、悩んでいます。 ················· 76

　コラム● 子どもの可能性を殺していた犯人 ···················· 78
　コラム● 私を変えた子どもたち ··································· 79

スタッフ同士のかかわり

Q33 特定の児童とだけ遊ぶスタッフがいます。 ··················· 80

Q34 スタッフ同士で固まって話しているのが、気になります。 ··········· 82

Q35 手出し口出ししすぎに思えるスタッフがいますが、
　　　評価が高いのです。どう話したらいいのでしょうか。 ············· 84

Q36 保護者に別の子どもの悪口を言ってしまうスタッフがいます。 ··· 86

Q37 子どもの輪に入りすぎたり距離を置きすぎたり、
　　　かかわり方が難しいです。 ···································· 88

Q38 子どもの体力についていけません。
　　　どうしたらよいでしょうか。 ·································· 90

Q39 遊びの中でどこまで許すかが、スタッフにより違います。 ··········· 92

WORK 判断の物差し　93

Q40 自分の実践をどう振り返ったらよいかわかりません。 ··········· 94

　コラム● 私の子ども観を変えた、あのできごと ················ 96
　コラム● 私を変えた「困った子」·································· 97

環境づくり

Q41 外で遊ぶ庭もなく、室内で遊ぶ場所も限られています。 ················ 98

Q42 危険をともなう遊びをどう制限したらいいですか。 ················ 100

　　　WORK リスクとメリットを考える天秤ワーク　101

Q43 スタッフが少なすぎて、子どもをみきれません。 ················ 102

Q44 スタッフが多すぎて、大人の目が行き届きすぎてしまいます。　104

Q45 どうしたら子どもがルールを守るようになるのでしょうか。 ····· 106

Q46 地面にところかまわず穴を掘りたがるので、困っています。 ····· 108

Q47 危険を判断する基準がわかりません。 ················ 110

Q48 事務室に入ってくる子がいて困っています。 ················ 112

Q49 近所の人から怒鳴られました。対処法はあるのでしょうか。 ····· 114

Q50 学校とのコミュニケーションがありませんが、
　　 それでいいのか悩みます。 ················ 116

　コラム● 周りの大人の大切さ ················ 118

「現代の課題」×「子どもの過ごす場」

1　いじめに対して、子どもの過ごす場でできること ················ 120

2　子どもの貧困に対して、子どもの過ごす場でできること ················ 122

3　ケガへの不安に対して、子どもの過ごす場でできること ················ 124

4　スタッフが流動的なことに対して、スタッフ同士でできること ········ 126

　　　WORK スタッフ同士の理解を深めて仲間になるためのワーク　126

5　遊びの価値の軽視に対して、大人たちができること ················ 128

あとがき　130

プレイワークのすすめ

子どもの遊びにかかわるすべての人へ

　Q&A に入る前に、子どもの遊びへの大人のかかわり方について、考えてみたいと思います。本書を読むみなさんの中には、子どもの遊びへの大人のかかわり方について、これまでに何か特別に習ってこなかった人も多くいるのではないでしょうか。そんな中で突然、さまざまな子どもたちと相対することになるわけですから、戸惑った経験も多々あったのではないかと思います。

　これまで、子どもの遊びにかかわる大人というのは、どちらかというと、子どもの前に立って新しいゲームや遊び方をうまく教えたり、主導したりする＜牽引型＞、もしくはどの子どもにもまったく同じことを経験させようとうしろから押し出す＜ところてん型＞が主流だったと思います。つまり、「大人が決めた方向やゴール」があり、大人の指導の下でその方向やゴールへと子どもを向かわせるのが、今までのかかわり方の主流だったと思います。

　ところが、この数十年で、子どもの育ちに関する国内外での学術的な研究も進む中で、新しい価値観が生まれ始めています。それは、子どもの主体的な意欲がより育まれるためには、それぞれの子どもが自らやりたいことをして遊べる環境を整えることが必要だという考え方です。その結果として、子どもは創造性に富み、身体や知性、情緒、社会性を自ら育てていくようになります。この考え方では、子どもは「自分がどう育ちたいのかを無意識のうちに遊びの中で表現する」という理解に立っています。

　そこでの大人のかかわり方は、子どもたちの遊びのプロセスに寄り添

う、つまり、子どもから見ると横または少し後ろという立ち位置になります。つまり、それぞれの子どもたちの欲していることを見立てながら、環境をそれとなく整え、子どもが必要とする時にだけ、手助けをするのです。時には子どもといっしょに遊ぶこともありますが、「遊びが子どもたち自身のものになった」と感じた時には、大人は遊びの輪から外れていきます。

　こうした遊びの環境設定や子どもとのかかわり、危険管理、地域との関係調整などを整理したものが、「**プレイワーク**（playwork）」と呼ばれる専門分野です。本書は、このプレイワークの考え方を基本にしています。もしかすると、多くの人には新しい考え方なので、本を読み進めていくうちに、みなさんが無意識のうちに今まで身につけた価値観や手法とはちがうと感じるかもしれません。けれども、プレイワークの考え方を実践してみることで、今までとはちがう子どもの新たな姿を発見し、自らの新しい役割に気づくこともあるでしょう。

　自然環境が失われ、都市部では空き地が減り、立ち入り禁止の場所や禁止事項が増えていく中、残念ながら、子どもが自らの力で自分たちだけの遊びの世界を作ることが本当に難しくなりつつあります。「プレイワーク」は、そうした社会の現状への理解から、できる限り謙虚に、子どもの立場に立った豊かな環境づくりの補助的な役割を担おうとするものです。ぜひ、みなさんもプレイワークの入り口に立ち、新しい世界を切り拓いていってください。

（嶋村 仁志）

この本の使い方

　「プレイワークのすすめ」を読んだ後、目次を見て、関心のあるＱ＆Ａから読み始めてください。Answerには、もののとらえ方、考え方を書くように心がけましたので、そこを起点に、自分たちの現場で起きていることに照らし合わせて具体的にどうすればいいかについて、一人で考えたり、スタッフ同士で話し合ったりする時間をもちましょう。

《スタッフ同士での使い方の例》

【価値観を共有したい場合】
① Ｑ＆Ａから一つを選んで、読み合わせる。
② メンバーそれぞれがペンを持ち、「大切だと思ったこと」「気になったこと」「わからなかったこと」に印をつけ、自由にコメントを書く。
③ 印をつけた部分や書き込んだコメントの内容について、メンバーで話し合って、お互いの考え方を知り、価値観の共有をめざしていく。

【課題を解決したい場合】
① 現場で課題になっている状況を一つ選んで、メンバーで共有する。
② 状況に近いＱ＆Ａを一つ以上選んで、読み合わせる。
③ 書かれていたことについて、思ったことや感じたこと、自分とのズレをことばにしてみる。
④ 課題となっている状況をもう一度振り返り、どのようにしたらよりよい方向に変化させていくことができるかをみんなで考える。
⑤ 実際の場面でやってみる。

　定期的に②～⑤を繰り返してみましょう。簡単にはうまくいかない場合も多いかもしれません。さまざまな方法を試してみてください。

◆より学びを深めたい方は……

以下のテキストもご活用ください。

『子どもの「遊ぶ」を支える大人の役割
　　：プレイワーク研修テキスト』

下記よりダウンロードできます。
http://tokyoplay.jp/downroad.html

子どもの放課後に
かかわる人の

Q & A
50

Question 1

物を使っても片づけません。

Answer

　私たちの子ども時代も、やはり片づけは進んでしなかったように思います。どの時代も、子どもは基本的に片づけが嫌いなものです。その理由は、恐らく大きく分けてふたつあると思います。

　一つは、きっと子どもは片づけなくても困らないからです。むしろ、出しっぱなしにしておいてよければ、その方がすぐに遊びの続きができるからいいくらいに思っているのではないでしょうか。実際、片づけなくてもいいという環境の中での基地づくりなどは、日々進化していきます。片づけなくてはいけないことが遊びの中断を生む、それに対する抗議の感覚もあるのかもしれません。

　そうはいっても、狭い場所でいく通りもの使い方をしなくてはならない場合、確かに片づけなければ不都合が生じます。実際、日本の家屋などは居間と寝室を兼ねていたりして、片づけないと、布団も敷けませんね。なぜ片づけが必要なのか、そうした理由を子どもと考えながら知ってもらうことは大事なことです。

　もう一つは、きっと片づけがつまらないからです。そんな時は、片づけたくなるよう、環境に工夫をするといいと思います。子どもは形に合わせて置くことが好きです。また、入れ物にきちっと収めることも好きです。置き場所がバラバラ、きちっと収まらずあふれる、またはスカスカで収め

た気になれないと、元に戻そうとするモチベーションがわきません。元あったところに返したい、そう感じる環境づくりには、大人にも知恵が必要です。いろいろ工夫をすることで、子どもの動きも変わっていきます。それを発見することは、大きな楽しみでもあります。

　片づけたくない子どもの気持ちから見つめなおせば、使いやすく戻しやすいことが大切です。また、使う場所と片づける場所との位置関係も重要です。環境を工夫して子どもの変化を楽しんでみることをお薦めします。

（天野 秀昭）

Topics　環境づくりのアイデア

はさみスタンド
はさみにも、スタンドにも、番号がついているため、子どもたちは自然と番号の場所に戻します。安全管理のうえでも有効な方法です。

道具棚
片づけには収納のしやすさが大切です。この棚は「動詞」で分類されています。「とめる」にホチキスやクリップが、「貼る」にはテープやのりが入っています。

Question 2

ぬいぐるみを学童保育クラブに
持ってくる子がいます。

Answer

　一般的には、自宅から玩具などを持ってくることはできないという規則のところが多いと思います。その規則の必要性についてはここでは言及しませんが、そういう規則があることをわかりやすく伝えても、ぬいぐるみを持ってくるということは、その子にはのっぴきならない訳があるのだと推測できます。対人関係や集団に不安が強く、ぬいぐるみがないと安心できないとか、家庭内の事情で外での不安感が強いなどが考えられるでしょう。本来規則は、その集団の場がよりよい場になるためのものですが、さまざまな発達段階にあり、家庭でもいろいろな事情が少なくない子ども一人ひとりにていねいにかかわっていくと、規則を守らせる以外の対応が必要なことがわかってきます。

　放課後の場は誰にとっても居心地のよい場所になることが大切ですが、「不公平がないように」「秩序を維持できるように」ということに囚われすぎてしまうと、一人ひとりの子どもに寄り添った場づくりができなくなり、「誰にとっても居心地のよい場所」のつもりが「誰によっても居心地のよくない場所」になってしまう危険性があります。

　個々の子どもの事情をよく考えて、その子のためにはどういう場づくりをしたらよいのかを考えることが大切です。

　ある学校内放課後事業の部屋に、授業がある時間帯にもどうしても来て

しまう子がいました。担任とその子のためにどうするのが一番よいのかを話し合いました。「担任と何時までに教室に戻るのかを約束してから放課後事業の部屋へ行く」「遊んだものは片づけてから教室に戻る」という約束をして、毎日1時間くらい放課後事業の部屋で過ごしていました。同じクラスの子から「いいな〜」という声があったので、「もし同じようにしたかったらそうする？」と問いかけるとその子たちは「大丈夫！」と微笑み、教室ではごく普通に授業は進められていました。教室での秩序は守られつつ、その子には必要なだけ規則外の特例が認められていたのです。やがてその子は休み時間と放課後だけに来るようになりました。

（幾島 博子）

Question 3

物を大切にしない子が多いです。

Answer

　ゲーム盤がよく壊れたり、ボールがすぐ無くなったり、縄跳びが切れて置き去りになっていたり……スタッフはいらいらさせられたりします。

　「使い終わった○○は○○に置きましょう」等たくさんの掲示物が増えてしまったり、「片づけられないなら使用禁止ですよ」「捨てちゃいますよ」と厳しい言葉が出てしまったりしませんか。そんな対応では、たとえ見かけはきちんと片づけられるようになったとしても、物を大切にする心は育っていません。

　子どもは社会を映す鏡。物を大切にしないのは、この消費社会の本質かもしれません。ですから物を大切にする心を育てるためには、消費社会で失われたものを取り返す必要があると思います。それは物との愛着関係。ボールなどに番号ではなく名前をつけたり、大切にされないぬいぐるみで人形劇をしたり、ゲームを楽しむ子どもたちとゲーム委員会を作ってみたり……物だけではなく物といっしょにあるものに目を向けることができるような仕組みが必要だと思います。子どもはおそらく大人より得意ですよ。

　さて、注意してみていただきたいのが、物を大切にしないのが、全体ではなく特定の一人の子どもの場合です。それは表現であることやメッセージであることがあるからです。

　表現である場合は、大人の目から見て無駄にしているのではないかと感

16

じても、それは言ってみれば排泄行為と同じなので大切にしてあげてほしいことです。しかし施設にも予算があるので大量に使わせることができないので、子どもといっしょに考えることが大切です。以前セロハンテープを丸めて粘土のように使い動物を作る子どもに出会ったことがありました。彼は母親を説得して、セロハンテープを購入しセロハンテープアートを心ゆくまで楽しんでいました。

　また壊したいほどストレスをためているメッセージではないかと考えることも大切です。壊しているのはそのときの時間・思いそして自分。かかわってほしい、かまってほしい。そんなとき、壊す行為は鬼を呼び出す呪文になっています。鬼はもちろん大人。止められたり叱られたりすることで認められる→楽しい、という循環に入っています。概してこういった子どもは目立たない優しさをもっているので、寄り添いその優しさを認め受けとめてあげてください。

（宮里 和則）

Topics　　**壊れる遊具壊れない遊具**

　桜の花びらを見つけ子どもたちが遊んでいます。たくさん集め、すべり台の上からまきはじめました。一面に桜が飛び散り雪のよう。そのうち友だちと掛け合いぶつけ合う遊びが始まりました。やがてちぎってみたり水たまりに浮かべてみたり……そのうちバケツに入れてぐちゃぐちゃに……物とのかかわりを次々に変えて創造していく世界。この能力こそ子どもたちの未来を切り開く力です。この世界では壊すという言葉さえ存在しません。

　一方、商品として販売されているおもちゃは、ほとんど遊び方が決められています。その遊び方をしなければ壊れてしまうものもあります。それは創造力あふれる子どもにとって不自由な世界なのかもしれません。

Question 4

木の枝、実、花を
校庭から取ってきてしまう子がいます。

Answer

　子どもは大人が見向きもしない物に対しても、その子なりに価値を見出し、心を動かすことができる力をもっています。単に形が好きという場合もあれば、綺麗だと感じていたり、かっこいいと感じていたりします。また、お金や道具など何かに見立てて遊んでいる場合もあります。きっと、子どもは宝物を見せるかのように、取ってきた物をあなたに見せたのでしょう。

　大昔、狩猟採集を行っていた私たち人間。遺伝子レベルでの記憶の影響でしょうか、私自身も子どもの頃に外遊びの場で見つけた物を夢中で拾い集めコレクションしていた覚えがあります。クルクル回って落ちるカエデの種、玉ねぎみたいに永遠にむけるツバキの蕾、つぶすと白い粉が出て楽しいオシロイバナの種、他にもムカゴやソメイヨシノの実、集めたわけではありませんが、摘んでは蜜を吸ったツツジの花などを覚えています。他にも道端や空き地に落ちていたモデルガンの玉（BB弾）など、誰もが一度は拾った経験があるのではないでしょうか。しかし、大人が管理する場所が多い現代において、シロツメクサの群生する原っぱのように子どもがたくさん集めても問題にならない自然素材は貴重です。多くの子どもたちは経験が乏しいのが実態でしょう。もしかすると、あなたが困っていることも、子どもが取ってくる物が、誰かが大切に育てている物だったからかも

しれませんね。そんな時は、取ってきた魅力ある物への「ステキだね」という共感は示しつつも、きちんと育てている人の思いを引き合いに出しながら、勝手に取ることが避けられるような話をすることが大切ですね。

　最後に、あなたの勤める遊び場が敷地内での植物などの採集に関して制限がある場合にできる工夫についてお話ししましょう。敷地内に子どもが自由に集められる自然素材がなければ、別の場所から集めてくることも選択肢としてあるかもしれません。落ち葉の季節であれば、掃き掃除をしながら集めた落ち葉や木の実でしおりづくりやどんぐりゴマづくりをしてみたり。また、小さな鉢植えが設置できる条件があれば、夏のグリーンカーテンづくりなどで種を採取したり草花遊びができる植物を育てたりしてみることも面白いかもしれません。

　いずれも、集められる物がある場所の管理をしている方から了解を得るためのコミュニケーションは欠かせません。楽しみながらできる工夫を見つけてみてください。

（関戸 博樹）

Question 5

どうしたら、もっと聞きわけのいい子になるでしょうか。

Answer

　大人の言うことに「はい」と返事し、すぐそれを実行に移すことができる。そんな姿を見たら、私たちはうれしいし気持ちがいいでしょうね。子どもばかりでなく、自分の言うことを周りのみんなが黙って聞いて動いてくれたらどんなにこの世界は楽でしょうか。

　でも、視点をずらすと何が見えてくるでしょう。たとえば、その子の視点から見た場合です。いつも「言うことを聞かない」と自分に言う人を、その子はどう感じているでしょうか。自分のことをわかってくれる人だと感じているでしょうか。それとも、わかってくれない人だと感じているでしょうか。そして、その人に心を開きたいと思っているでしょうか、拒否したいと思っているでしょうか。

　こういう例えをどう思いますか。「正しいのはAであってBは問題だ」と考えている人がいます。この場合、どこに問題の本質があるのでしょう。もちろん、「本当にBが問題」なのかもしれません。けれど、「Aしか正しくないと思っているからBが問題」になってしまうのかもしれません。「Bは面白い」と考えている人はいないのでしょうか。そう考える人がいたら、その人も問題なのでしょうか。

　言うことを聞く、一見これは「いい子」の典型に見えますが、自分を押し殺している場合も多々見受けられるところです。相手の言うことを素直に聞

子どもの放課後にかかわる人のQ&A 5

くわけですから、自分で余計なことを考えてはいけません。自分の意思の発動はご法度です。逆に、言うことを聞かない、これは「悪い子」のようにも思えますが、自分の意思を通しているともいえます。この場合、その子なりの何らかの思いがないとできることではありません。

　この子たちが大人になったとき、どのような大人になってほしいと思いますか。言われたことをきちんとするが自分では考えない人、人と多少ぶつかりながらも自分の考えで人生を歩む人。

　どうでしょう。言うことを聞かない子どもの面白さも感じてきませんか。

（天野　秀昭）

Question 6

礼儀を身につけさせるためには、
どう指導したらいいでしょう。

Answer

　おはようございます、いただきます、ごちそうさま、ありがとうございます、おやすみなさい……。こうした言葉は、かけられたら気持ちいいですね。挨拶は礼儀の中では基本ともいえます。

　そもそも礼儀は何のためにあるのかというと、社会生活を円滑に行うためという側面が大きくあります。人はさまざまで、考え方や価値観もそれぞれです。そうした違いをもった人たちが一つの社会で暮らすうえでは、「自分は敵ではありませんよ」と知らせる必要があります。つまり、同じ社会に住む人間関係の潤滑油的な役割が基本にあるのですね。そのため、住む社会はもちろん、ときには階層であっても違えば礼儀が異なる場合があります。さらに、国や宗教が違えばなおさらです。たとえば食事。日本では、正座し背筋を伸ばし椀は手に持って口に寄せるのが礼儀ですが、お隣の韓国では、あぐらをかき椀は置いたままで口をそこにもっていくのが礼儀です。

　大事なことは形を覚えることではなく、人間関係を円滑に送ることができる力を身につけることです。たとえば別の国に行き、ルールが変わっても、すぐそれに適応し形を変えることができる力はコミュニケーション力の中でも重要なものです。しかし、それで自分自身を見失ってもいけません。

　10歳に満ちる以前の年齢は、「私」という核をつくる時代です。この時

代に知る「社会」は、せいぜい家族、学校程度が範囲です。まだ社会との関係性は、はっきりと意識することはできません。つまり、円滑にする必然性が少ないのです。

　社会の礼儀は社会ごとに違います。どこに行っても人間関係を円滑に築くことができる、「私」という核をつくる時代が必要です。それは、幼少期の遊びで築かれていきます。

　ただ、こちらからは必ず礼を尽くしましょう。何かをしてくれたり返しに来たりしたら「ありがとう」と言う。子どもはうれしい気持ちになり、その喜びがモデルになります。　　　　　　　　　　　　　　（天野 秀昭）

Question 7

子どもがさまざまなことに
飽きっぽいのが気になります。

Answer

　子どもが「工作をしたい」と言うので、つきあって少し手伝ってみたら、もうよそ見をして別の場所に行ってしまっている……なんてことも、よくあるのではないでしょうか。

　大人は、子どものそんな行動に「集中力がない」「最後までやり切ってほしい」「せっかく、手伝ってあげているのに」「私の指導の仕方が悪いのかしら」「子どもの気持ちが切れないようなプログラムを教えてほしい」というような気持ちを抱くこともあるかもしれません。

　一つのことに集中して「遊びこんでいる」子の方が、大人からすると理想の状態のように見えます。けれども、大人から「飽きっぽい」ように見えても、子どもは遊びに飽きることはありません。

　子どもたちの姿を観察してみると、遊びの内容が目まぐるしく次々と変化していくことがよくあります。そして、子どもは「つまみぐいの天才」でもあります。こっちをちょっと試しては、あっちも試し、そのプロセスの中で、今の自分に合うことやもっとやりたいと思うこと、自分の落ち着く場所を見つけていくのです。それは、誰かの敷いたレールにただ乗るだけではなく、自分の人生を自分で決めていくための、子どもなりの経験になっています。

　子どもがそうした経験を積み重ねていくためにも、大人はあれこれと子

どもがつまみ食いできるいろんな要素を用意しておきたいものです。子ど
もは、一人ひとり、それぞれにちがった「遊びのツボ」をもっているもの
です。同じ砂遊びでも、トンネル掘りが好きな子にはシャベル、型抜きが
好きな子にはさまざまな形のバケツがあると、遊びが広がっていきます。
静かにおしゃべりしたい子たちには、丸くなって集える空間やイスがある
とよいでしょう。力が有り余っている子には、壊す遊びができるような素
材や道具を用意するなど、その子の好みや状態の見立てができるように
なってくると、通り一遍ではなく、それぞれの子に合った対応や環境づく
りができるようになってきます。これこそが、子どもの遊びの場づくりに
かかわる醍醐味の一つです。

（嶋村 仁志）

Question 8

戦いごっこの加減がわからず
力一杯やってしまう子がいます。

Answer

　本能か、あるいはヒーローもののテレビの影響か、ある一定の子どもたちは戦いごっこに憧れてはまる時期があります。手に持つ武器がこの遊びの盛り上げに重要なことは自明のことでしょう。時には枯れ枝、時には木材、時には丸めたゴザや新聞紙。武器をもたずに素手同士で行う取っ組み合いやデタラメな拳法風の戦い、そして相撲などもまた面白さがあります。この遊びは、とにかく遊んでいるうちに気分がのってきて、子どもたちの有り余ったエネルギーを発散するには最高です。しかし、一方で加減がわからない子がこの遊びの中に入っていると、その空間に緊張が走ることがあります。

　そもそも戦いごっこで「加減する」ということは、どんな能力なのでしょうか。チャンバラにせよ、取っ組み合いにせよ、全身全霊の力をかけて相手を叩きのめす気持ちはそこにありません。なにしろ遊びですから、相手と戦うことを楽しめるような力の抜けが必要になります。つまり、戦いという非日常の空想に浸りながらも、実際に相手を痛めつけるには至らない現実的な思考を持ち合わせているのです。全力であるフリを演じて、武器同士がぶつかる瞬間は本気でも、人を切る瞬間はフッと力を緩める。この高度な力の加減は幼少期からのたくさんの経験を積んでこそ獲得するものです。そして、その過程には時に手痛い失敗も多くあり、そういった

中から身についていくものなのです。

　加減ができない子どもの中には、経験が足りないが故に、どうやって自分の身体を使ったら良いかがわからないという子もいることでしょう。一方で、空想と現実の区別がつきにくく、自分の手にした物と力の入れ方によって相手にどんな影響が出るのかというイメージがつきにくい場合もあるかもしれません。大きなケガをまねかないよう、ゴザや新聞紙など素材の工夫をすることは有効な方法の一つです。自分が力を入れ過ぎていれば、仲間内から「ムキになるな」と非難の声が出ることでしょう。逆に自分の痛みによって、強く叩いた場合の衝撃を学ぶこともあります。

　子どもの遊びには、ゲラゲラ笑えるおふざけの要素も重要ですが、時に全く笑わないような「真剣さ」も大切です。幼少期には危なっかしかった子どもたちが、高学年になると枝同士を激しくぶつけ合わせて戦いごっこをする姿を見たことがあり、歴史ものの映画の立ち回り以上に迫力があったことを覚えています。

(関戸 博樹)

Question 9

子どもたちについ強い態度で
接してしまうことがあります。

Answer

　たくさんの子どもを見守ったり、引率したりするときには、大きな声や強い態度で子どもと接しなければならないと感じる場面も少なからずあるかもしれません。もちろん、強い態度が必ずしも悪いわけではありません。

　ただ、「毅然とした態度」と、「威圧的な態度」は別物だという区別は必要ではないでしょうか。時には、「どうしても、ダメなものはダメ」と子どもたちに伝えなければならないことがあります。その最たる例は、その子本人や周囲の子のいのちにかかわるときです。

　毅然とした態度の場合、スタッフはその判断に冷静になっているものです。一方で、冷静ではない大声や強い態度で接してしまうとき、スタッフは自分の感情に飲み込まれてしまっているのではないでしょうか。

　子どもたちの中には、自分の方を向いてもらうために、スタッフをわざと怒らすようなことをしてくる子もいます。また、実はわかっているはずなのに、ワザとごみを捨てたり、片づけから逃げていったりするような子にも出会うでしょう。そんな場面に、つい怒りを感じてしまうこともあると思います。けれども、もし怒りを感じた場合には、まず怒りを鎮めることを優先したいものです。その場を離れたり、子どもとのやりとりの前に深呼吸してみたりするのも一つの方法です。

　そして、自分はなぜ威圧的な態度で子どもと接しようとしてしまうのか

を振り返ることも大切です。その中で、権力に依存しがちな自分を発見することがあるかもしれません。怒りの原因は、意外と自分の子ども時代の経験の中に発見することもあります。経験を重ねていけば、こうしたていねいな振り返りの中で、自ら原因を見つけ出せるようにもなるでしょう。

　また、他のスタッフにも協力してもらいながら、怒りからくる大声や威圧的な態度を取る以外にどんな方法があるのかを探すことも大切です。それがわからないと、いったんは反省したとしても、また同じことを繰り返してしまいます。

　怒りからくる指導的な関係ばかりだと、子どもはそうした大人の反応に麻痺してしまい、逆効果になることもあります。子どもはそのスタッフの前でだけはいい子にして、いなければ元通りということもあります。実践を振り返り続けることで、自分の中での子どもとのかかわりの選択肢を増やし、安心と信頼の関係づくりを探し続けていきましょう。　　（嶋村 仁志）

Question 10

「ちょっと待ってて」と
子どもに言ってばかりになっています。

Answer

　子どもは大人をよく観察しており、遊びの誘いにのってきそうな職員には遠慮なく接します。管理的な態度でふるまうスタッフや、子どもと遊ぶこと以外の業務で忙しそうにしているスタッフにはあまり遊びの誘いを持ち掛けません。しかし、子どもから声のかかるスタッフは時に、子どもの誘いを受けてばかりで、順番待ちが発生してしまうこともあります。

　では、具体的にはどんな時に「ちょっと待ってて」と言いがちになるのでしょうか。まずは遊びの誘いが次々にかかる時です。これには二つの要因が考えられますね。一つは子どもだけで遊べるような関係をつくることが達成できていないこと。新学期など初対面の子どもが多かったりする時期に多いですが、遊び合える関係になるまでの潤滑油として意識した遊びのしかけが有効です。あまり人数が多いとかかわる機会がなく終わってしまうので、4人～10人ぐらいで遊べるものが適当です。名前を覚え合う缶けり、子ども同士で教え合うことができるベーゴマなどはおススメです。そしてここでの肝は、うまくタイミングを見計らってスタッフは抜けるというところにあります。はじめのうちは、スタッフが抜けると遊びが終わってしまうこともあるでしょうが、続けていくことで子ども同士が遊びの誘い合いを頻繁にするようになることでしょう。また、遊んでいる最中に別の遊びに誘ってきた場合に、「いっしょにやろうよ」と、今やって

いる遊びに巻き込むことも有効なテクニックの一つです。

　そして、遊びの誘いに関してはもう一つ。あなた自身が断れない気持ちになっていることです。声をかけてきた子どもに対して「ちょっと待ってて、この遊びが終わったら、次に行くから」と安易に答えてしまうことが順番待ちの状況をつくっているのですが、私も新人の頃はこのような状態の時期がありました。自分の意思を子どもに伝えることが不安で、自分の頭で考えずに言いなりになることの方が楽だったのです。意識して場数を踏んでいくうちに自分の意思を子どもに伝えることにも慣れていきます。"今、子どものために何が最善な行動か"ということを常に考えて行動することで、誘いにのる際と断る際の違いも言語化できるようになっていくことでしょう。

　最後は、道具など物の貸し借りで常に声がかかり、「ちょっと待ってて」と言う状況です。子どもが自分で好きな時に好きな素材を探して扱うことができないためであって、自由に取り扱って良い物と、対面で手渡す物を整理して、環境を変えることでガラッと変化させることができます。無駄な労力を省き、子どもに向き合う時間をつくることも、私たちの大事な仕事なのです。

（関戸 博樹）

Question 11

棒を作っては人をたたく子がいて困っています。

Answer

　その棒はその子の中では「剣」です。なぜ棒が剣になるのでしょうか。それは棒にその子のもっているイメージがくっついているからです。

　それでは、そのイメージに沿ってあげてはどうでしょうか。そのイメージの中で問題を解決する道を探してみると、面白い物語が生まれるかもしれません。

　出会ったとき新1年生のあっくんはあまりおしゃべりしない男の子でした。友だちが遊んでいるのを見ても仲間に入ろうとはしません。工作室で紙を細く巻いて、突然そばにいた女の子をたたきました。びっくりして逃げ回る女の子。スタッフが止めに入ることになりました。

　しばらくして落ち着いたころ、「いい剣だね…」と言って、私も剣を作り出しました。いっしょに作っていると、同じ保育園から来たあやちゃんが「あっくんは空組で一番剣作りがうまかったんだよ」と教えてくれました。そうか、自分の遊びに誘いたかったんだな、と私は思いました。そこでできるだけ派手に戦いをいっしょにしました。「入れて」とひろくんとかずくんもやってきました。仲間を増やすために、武器屋を作り剣を販売しました。この武器屋は大人気になり、仲間が増えていきました。楯も作られました。中学生が鎧を作ってくれました。戦国時代のようになってし

まいました。しかしそれと同時に戦いのルールも生まれていきました。剣を持っていない人とは戦わない（民間人は攻撃しない）、3回切られたら死んでしまい、100数えると生き返る、など……。

　ブームが過ぎ去り、しばらくしたころ、友だちの中ではじけるようなあっくんの笑い声が響きました。鬼ごっこをやっていました。

　やったことだけに目をとめるのではなく、いっしょに同じことを行うことで、なぜ行おうと思ったのか（過去）とどうなりたかったのか（未来）が見えてきます。表現が不器用なのが子どもたち。私たちがかかわるのは、そんな表現を受けとめて歩きやすくしてあげることだと思います。

（宮里 和則）

Question 12

ケンカにどう対応していいか
わかりません。

Answer

　そのケンカは過密からくるケンカではありませんか。いつもいらついていて、人を傷つけることが目的で起こしたケンカではありませんか。その場合は起こした子どものイライラの原因に心を寄せなければならないでしょう。虐待やいじめ、先生や保護者との関係、家庭環境。寂しさはやがて対象のない怒りへと変わります。

　児童館の庭でたき火をしていた時です。夕暮れ。気がつくとそれまで館内でやんちゃをしていた中学生たちが火を囲んでいました。私は何も言わずたき火を続けていました。もう彼らだけでした。チロチロと燃える火を見つめながら一人の子が話し出しました。「俺さ、学校でさ……」。

　向き合う時ではなく、ともに何かを見つめあっているとき、その子の心が開くときがあります。そんな時しっかりと寄り添ってあげてください。

　さて、イライラからのケンカではなく宝物ともいえるケンカがあります。本気で遊んでいるから起きてしまうケンカ。しっかりと向き合い、ぶつかり合うケンカ。それぞれの子どもが自分の意見を表現しあい、ぶつかる場。自分と他者をしっかり意識できる時。それはその子どもたちの宝物と言ってもいいかもしれません。大切にしてあげましょう。

　ある日のことです、ともくん（1年）が椅子を引きずって歩いていました。その椅子が寝転がっていたゆうきくん（1年）にぶつかってしまいま

子どもとのかかわり

した。ゆうきくんは怒ってともくんをキックしました。ともくんも突然キックされたことに怒って、取っ組み合いのケンカが始まりました。

　気持ちを落ち着かせるために、コップに水を入れ、ふたりに勧めて話し合いになりました。しかしふたりの「正義感」から始まったケンカです、お互いにひくことはありませんでした。膠着状態が続いていました。

　すると突然、よしくん（3年）が部屋に飛び込んできました。「おしっこおしっこ」と言いながら部屋を駆けまわり転げまわりだしました。「おしっこがもれちゃう　おしっこがもれちゃう」と叫びだしました。「早くトイレ行きなよ」と私が言うと、「トイレトイレ」と言ってトイレに駆け込んでいきました。気がつくとふたりは吹き出し笑いをしていました。よしくんはトイレから戻ってくると、「おおスッキリした。おいSケンやろ」、とふたりを誘いました。ふたりは私を見ました。私はニコッと笑いました。元気よく飛び出していくふたり。やがてSケンが終わりふたりが部屋に戻ってきました。「ねえ、またSケンやろ」下駄箱の前でゆうきくんがともくんに話しかけました。「うん」ともくんがうなずいていました。

　大人から見ると「こんなことでいいの」と思えるような解決法です。でも子どもの世界ではこれもありなのです。大人はおせっかいで、ケンカをすぐに解決させてあげようとします。でも大切にしてあげればいいのです。大切にしていれば、子どもたちは自分たちで自分たちの「ごめんなさい」にたどり着いていくのです。「またSケンやろ」が彼らのごめんなさいなのです。

　この時から私は「ケンカはその時すぐに解決しなくてもいいもの」と考えるようになりました。話し合いが長引いているときは「大切なことだから、また明日つきあってあげるから、今日は遊ぼうか」と提案します。すると次の日にはもう自分たちで解決していることがほとんどです。

（宮里 和則）

※ Sケンの説明は 61 ページを見てください。

Question 13

他の子と交ざらない子への
働きかけに悩んでいます。

Answer

　遊ぶことは、本人の「やってみたい」という欲求から始まります。ということは、「私」という個人から始まるということです。つまり、他人と遊べるかどうか以前に、その子の世界をその子が堪能できているかどうかが重要です。それをまず、じっくり観察しましょう。

　さて、次に重要なのは、その子は他の子と交ざりたいと思っているのかどうかということです。それも観察の中で見えてくると思いますが、他の子と交ざりたいそぶりがあるのに交ざれないのか、そもそも交ざりたいというそぶりが見えないのか。前者であれば、あとはきっかけづくりをどうするかということが問題になりますが、後者であるのなら、無理して交ぜないといけないわけではありません。

　前者と仮定した場合、ハードルはそれほど高いものではないと思います。スタッフであるあなたがその子とともに何か面白そうなことをして他の子たちをひきつけるか、子どもの集団の方に入りその子を呼び寄せるか。方法としては、その子とともに面白そうなことをして他の子たちをひきつける方がその子にとっては安心感が高いものですが、いずれにしてもその子は交ざりたがっているわけですから、きっかけづくりが重要です。

　後者と仮定した場合、そもそも無理に交ぜる必要はないのですが、注意することは、その子が外されている、あるいは軽くあしらわれていること

はないかということです。それで臆病になって交ざろうとしない。その場合は、子ども同士の関係の調整という全く違うアプローチが必要になります。これに関しては、本書にさまざまにちりばめられています。

　基本的に、個人にとって他人は「うっとうしい」存在です。他人は、思い通りにならないばかりか時には絶対してほしくないことまで行うからです。ことに現代は、子どもの自由な時間が奪われ、遊び環境も貧しくなる一方で、加えて他人とかかわらなくても楽しめるゲームなどの普及もあり、ひとりで事足りてしまう傾向が強くなっています。そのうっとうしさを超える関係づくりには、工夫が必要です。ひとりも悪くないけれど、みんなとやるからもっと面白い、そうした実感がもてれば、うっとうしさの壁を超えることが自然にできます。

　スタッフが、子どもが遊ぶ環境、ことに楽しい関係が生まれやすい環境をどうつくり働きかけるか、そこが問われているのだといえます。ひとりでやるより面白い！、そう感じれば、おのずと子どもは群れるものです。

（天野　秀昭）

Question 14

いつも言い訳が先に出る子がいて、
気にかかります。

Answer

　人の行動には、すべて何らかの意味があります。それらは善悪や是非で判断できるものでも、その人の単なる性質でもありません。そもそも、私たち大人も、叱られることが予想されるようなことをしたら、つい言い訳が先に出ます。ごめんなさいよりも前に言い訳が出るとしたら、それは叱られることを回避したいという思いが強い場合でしょう。

　言い訳が始まったら、まずは「どうしたの」「あ〜そうなんだ」と受けとめ、相手に寄り添ってみましょう。大人に対して自分なりに正当な理由を主張できるとしたら、それは子どもの成長の証しともいえます。言いなりにならずに弁明できるとしたら、それはそれで一つの力ですね。

　一方、言い訳しないととんでもないことになると不安に思っている子どもが自尊感情をぎりぎり保つために自己防衛しているとしたら、そのことを理解したうえで対応しましょう。叱られるとわかっている子に叱ってもあまり効果はありません。とすると、そのような子に対しては、恐れている大人から身を守ることに必死な子ども、それを追いかける大人という関係ではなく、新しい大人－子ども関係を作ることが必要になります。自分の未熟な、失敗するところを見守ってくれて、よりできたところを見ていてくれる大人が、その子には必要なのです。この人の前では、できないことも見せられる、待っていてもらえるという確信を子どもがもてるように

なるまでしばらく時間がかかるかもしれません。同時に、いつも成長しないで悪さばかりしているという状態は恥ずかしい、と思う気持ちも育てなくてはなりません。時間をかけて子どもに「どんな自分でありたいか」を問いかけ、「そういうあなたになれるように応援している」と伝えて、待つことが必要です。

　また一方で、視点を変えて、そもそもどうして言い訳する状態を作るのか、ということについても考えてみましょう。いつも遅刻するとしたら、やりたくないことがあるのかもしれません。いつも宿題をしないのは、自分にとっての宿題の意味がわからないのかもしれません。

　もし、この子は問題児だ…と思ったときには、「この子の抱えている問題は何だろうか、なぜこんなことが起きるのか、自分がこの子の成長のためにできることはないだろうか」と考え直す習慣を是非つけてください。

（武田 信子）

Question 15

仲間はずれやいじめに
どう対応すればいいかわかりません。

Answer

　ストレスフルな家庭生活や学校生活をおくっている子どもたちは、その
フラストレーションを放課後の世界で出してきます。少子化の中で、折り
合いをつける力が弱い子どもたちも少なくありません。そんな子どもたち
の世界で起きていることが見える関係性が子どもと大人の間で維持されて
いることは大切です。

　いじめの兆しが見えたら、大人たちは「これは大変だ」と騒ぎ立てる前
に、しっかり状況分析をして「いかなる欠点も弱点もいじめる理由とはな
らない」という毅然とした態度を保ち、第一にいじめられている子を守り
ます。一方で、いじめている子に向き合って助ける必要もあります。いじ
めている子は自分自身がより強いものから踏みにじられていて、発散を必
要としている場合があるのです。深く共感される体験をもっていない子ど
もたちに対して、大人がどこまで共感性をもつことができるか試されま
す。いじめている子も、共感される体験をもつことで初めて他者に共感す
る心をもつことができるようになるのです。

　最初に子どもたちの力関係を見立てましょう。力関係がほぼ同じ仲間の
中で問題が起きている場合には、彼ら自身で解決していけるかどうか様子
をみて頃合いを見計らうことが必要です。大人の余分な介入は、権力が大
人に移行するだけです。ただもし子どもたちの力関係が固定していて、理

不尽で常軌を逸した仲間はずれやいじめが起きそうな状態であれば、こじれる前の早期介入が必要となります。気づいているのにそのまま放置していたら、大人がその仲間はずれやいじめに加担していることになります。バランス感覚とタイミングが肝心です。

　また、そこに関係している子どもたちの背景を把握しましょう。家庭や学校で問題が起きていてそれを解消するはけ口として行動していないか。自分で判断できずに単に周りに合わせている子どもになっていないかなど、今ある状況と問題についてスタッフ間で情報提供し合い、チームとして一貫した対応を取ることが必要でしょう。

　全体の状況が見えたら、遊びの場で多様な関係性が作れるように働きかけ、子どもの上下関係を固定させないようにすることも大切です。「現代の課題×子どもの過ごす場　その1」(P120-121) にプレイワークの専門性をいかした対応を紹介しています。ぜひ取り組んでみてください。

（武田 信子）

Question 16

その子の気に入っているおもちゃを
隠していじめる子がいます。

Answer

　自分がそのおもちゃで遊びたいのならともかく、遊ぶわけではないのに、他の子のお気に入りのおもちゃを隠す子がいます。決まった子のものを繰り返し隠すような場合も見られます。

　そんな時は、隠されてしまっている子の悲しい気持ちに寄り添い、守ってあげたいという気持ちになることでしょう。しかし、寄り添わなければならないのは隠されている子＝いじめられている子だけでしょうか？　本来子どもは何の理由もないのに人の嫌がることをすることはありません。つまり、わざわざ人が気に入っているおもちゃを隠すのには、必ず何かわけがあるのです。

　私はこんな体験があります。父子家庭で毎日長時間学童保育クラブにいて、さらにファミリーサポートのお迎え、夜遅くに父親と自宅に帰るという男の子がいました。その子が、ある子の気に入っている電車やミニカーをしつこく隠すのです。もちろんそのおもちゃで遊ぶわけではありません。隠される子も毎日のように学童保育クラブに来ていましたが、ほぼ毎日お母さんがお迎えに来ていました。おそらく「いいな、優しいお母さんが毎日お迎えに来てくれて」という気持ちが、おもちゃを隠すという意地悪になって現れたと考えることができます。本人も意識はしていないので、「なんで隠すの？」と聞いても答えられないでしょう。そして「意地

悪なことはやめなさい」と言ってもやめられないか、他のことをするようになるでしょう。

　このような場合は、おもちゃを隠していじめることは許さずに、いじめている子に寄り添うことが何よりも大切です。そうしたくなってしまうその子の深い寂しさを理解し、家庭の状況は変わらなくても、昼間のひと時が満ち足りた時間になるように気にかけ、かかわることが必要です。私は、その父子家庭の子とは１対１で彼の希望をできる限り聞き入れてよく遊びました。ファミリーサポートのお迎えの時は玄関まで行き、姿が見えなくなるまで手を振って見送りました。会いたくて仕方のないお母さんではないけれど、あなたのことを大切に思っている大人がいることを精一杯伝えたかったからです。

（幾島 博子）

Question 17

自慢したり、嘘をついたりする子がいて、いったいどうしようかと思います。

Answer

　何かを自慢したくなったり、嘘をついてごまかしたくなったりすることは、大人でもありませんか。大人は体験を経て、それが結局、自分や他人にとってどう影響を及ぼすかを考えて、倫理的な判断をしたり、「うまく」やったりしますが、子どもはそれができません。自分を大きく見せたい、ほめられたい、叱られたくないなど、その動機はさまざまで、時には痛々しいほどです。「認めてもらいたいのだなぁ」「見ていてほしいのだなぁ」とわかります。

　自慢や嘘は他の人がうるさいと感じたり、相手にしてもらえなくなったり、信じてもらえなくなったりするのですが、たとえそうでも、自分を承認してもらおうと必死な子どもにとって、社会的な視点をもつことは困難です。

　嘘には、自分を守る嘘、人の注目を集める嘘、生きていくための知恵としての嘘がある一方で、その結果として人を貶めたり傷つけたりする嘘もあります。本人や周囲に危害がなければ、むしろさまざまな環境を生き抜く知恵として聞き役が必要な場合がありますし、嘘をつく相手がいれば、その子の傷ついた心が癒えるかもしれません。一方で、もしその嘘のために、誰かが傷つけられるとしたら、その対象にされた子どもに対しては十分な配慮が必要になります。

子どもの嘘がどれにあたるのか観察してみましょう。その子は皆からどう思われたいのか。信頼関係を失うかもしれないのに言うのはなぜか。本当に思い込んでいるのか。いろいろと推察してその子の「目的」を理解するようにしましょう。そして、それが子ども自身にとっていいことか悪いことか、単に言い始めて引っ込みがつかなくなっているのか。つまり「結果」がどうなっているのかも確認しましょう。

友だちの物を盗んでいた子は、うらやましくて仕方がなかったのです。「お母さんが優しいんだ」と言っていた子の親は、子どもを叩いていました。子どもは願望を話していたのです。そうだとしたら、対応すべきことは、自慢や嘘ではなくて、そういう子どもの状況と心境に対して、大人ができることは何かを考えることです。

さまざまな思いをさまざまな形で出してくる子どもたちに対して、善悪を今のうちに教えておかなくてはと意気込む前に、その子の気持ちを理解する努力をして、そのうえで、その言動は自分にとっていい結果をもたらすのかどうかを考えて、自分で判断できる力をつけてあげましょう。それまでは、その子の思いにとことんつきあうことも必要でしょう。

(武田 信子)

Question 18

子どもから暴言を吐かれます。
どうしたらよいのでしょうか。

Answer

　大人の方からはふつうに声をかけただけのつもりなのに、子どもの方から「死ね」「うざい」「きもい」「あっち行け」「触るな」など、思いもよらない言葉を言われたことはありませんか。そのことで、ショックを受けたり、傷ついたり、何とも言えない怒りが湧いたりしたことのある人も少なくないのではないかと思います。

　子どもたちが日常的に大きなストレスを感じていると、少しでも自分が安心して甘えられると感じている場所では、その気持ちが暴言となって表現されることもあります。それは、慣れていない大人とのかかわりでの不用意なトラブルを避けるために、性急な暴言で最初から距離を置こうとする「子どもなりに自分を守ろうとする防衛本能」でもあります。

　また、自分に関心を向けてほしい欲求が強い場合にも、子どもは強烈な態度や言葉で相手を振り向かせようとすることがあります。それは、「いい子」でいることばかりが求められ、自分の気持ちややりたいことを大切な人に見届けられてきた経験が少ないことの裏返しかもしれません。

　大人が嫌がる言葉を使ったり、からかったりすることは、人見知りの子ども特有の「遊びの合図」になっている場合もあります。また「今の自分自身を表現しても、この人はコミュニケーションを取り続けようとしてくれるだろうか」という子どもの「試し行動」の場合もあるでしょう。それ

46

は、子どもから試すべき相手として認定されているという証しや洗礼でもあります。

　今、あなたの目の前の子は、どんなつもりであなたに暴言を吐いているように見えるかを探ってみましょう。

　もちろん、子どもたちに何らかの理由があるとわかった場合でも、自分が抱いた不快な気持ちは、冷静に伝えたいものです。あなたが安心できない場では、子どもが安心できる場づくりにはかかわりづらいでしょう。

　難しいかもしれませんが、遊びを通して子どもにかかわる場では、かかわる大人の"遊び心"を大切にしたいものですね。このような場面のとき、みなさんは、むきに真正面から対決して、子どもを叱り飛ばす以外に、子どもが安心できる"粋な"方法をいくつ見つけられるでしょうか。

　また、自分で方法を探す以外にも、人生経験が豊かな人に助けてもらうという手段もあります。それは、今までの自分になかった対処の方法を学ぶ絶好の機会となるはずです。

（嶋村 仁志）

Question 19

子どもからおんぶや肩車、
だっこを求められることがあります。

Answer

　子どもとかかわる仕事をする中で、子どもから好かれることは、とても
うれしいことです。その反面、いつまでもその子が自分から離れようとし
ないとき、その子の育ちが心配になったり、わずらわしいと感じるように
なったりすることもあるかもしれません。時には、他の子に「いつも○○
ちゃんばかりズルい」と言われることもあれば、他の用事で忙しくしてい
る時に対応できず、その子が一日中不機嫌で終わってしまうこともあるで
しょう。自立のためには、いつまでもベッタリするのはよくないから、相
手にしないで、できるだけ距離を置く方がよいのでしょうか？

　ここでは、「どうするべきか」を考える前に、その子はなぜ1対1にな
りたがるのかを考えてみましょう。人間関係をつくるのが下手だと感じて
いるから？　まだこの場所に慣れていないから？　ふだんから自分の興味
や関心を受けとめてもらう機会が少ないから？　さまざまな理由が考えら
れそうです。

　安心の感じ方は、子ども一人ひとりの性格や成長によって、すべてちが
います。「この年齢になったら、どの子にも○○しなければならない」と
いうことはないので、その子の気持ちをしっかりと把握したいですね。

　一方で、年齢が高くなっても、おんぶやだっこ、肩車を求めてくる場合、
その子自身の不安の表現手段として、愛着を求めているということも考え

子どもの放課後にかかわる人の Q&A 19

られます。そうした不安定さが続くと、将来の性被害につながる可能性も
あるので、注意が必要です。ただ、「求めてきたから」という理由だけで、
スタッフがおんぶや肩車、だっこをし続けてあげるという対応が正しいと
は限らないことも知っておきましょう。

　対処としては、「大きくなってきたら、おんぶや肩車、だっこをしてあ
げることはできなくなってくるんだよ」ということをていねいに説明した
り、他のスタッフがうまく介入して距離を置けるようにしたりしながら、
その子の背景を考慮しつつ、安心できるような環境づくりを心がけたいと
ころです。たとえば、その子の好きなことや得意なことをいっしょに探し
てみましょう。そのプロセスを通して、その子の持ち味が活かされる方法
が見つかってくれば、その子は「スタッフから離れない困った子」になる
ことはなく、なおかつ安心して過ごすことができるようになるでしょう。

（嶋村 仁志）

Question 20

エロいマンガを持ってくる子がいて、困っています。

Answer

　子どもが遊ぶ場で小学校高学年や中高生の性に関する会話を耳にしたり、いきなり質問されたり、過激な性描写のマンガを目にして、とっさにどう対応したらよいか戸惑ってしまったことはありませんか？　子どもは、しばしば「性」にかかわる話題への大人の反応を試したりもします。

　日本では、「性」について大人と子どもがいっしょにオープンに話題にする場はとても少なく、むしろタブーになっているといえます。残念ながら「性教育」もほとんどの公教育の場で時間をかけて取り組まれることはありません。しかし、「性」はいのちに、つまり人間の根源にかかわるとても大切なことであることは言うまでもありません。また、小さな子は「おしり」「おっぱい」が大好きで、その延長線上に「性」への興味関心があり、思春期になれば自分自身の心や身体の変化を自ら感じ、興味は増すばかりです。それはいのちと向き合う人間として当たり前のことなのです。ですから、「エロマンガ」を手にしている子どもは、「性」への興味関心が育っている子どもだといえます。同時に、性被害を受けていたり、誤った情報に翻弄されて誰にも相談できずに一人で悩んでいる子どもも少なくないことも知っておいてください。

　「こんなことに興味をもつようになったのだな」と軽く対応すればいい場合もあれば、周りにいる年下の子どもへの影響を考えてすぐに止めなけ

ればならないこともあるでしょう。また、子どもが簡単に手に入れられるマンガやアダルトビデオ、ネット情報の多くは、人間（とくに女性）の尊厳を踏みにじるような表現だったり、誤った知識を植えつけるものだったりするので、「いのち」や「人権」の問題として、真剣に向き合って話さなければならない時もあります。

　このような時をチャンスととらえ、子どもといっしょに話し考えてみてください。一人ではできないことはチームワークでのりきりましょう。スタッフ間で共有しながら対応することは、自分の価値観とも向き合うことになるので、各個人のプライベートな部分はしっかり守るようにしましょう。初めは抵抗感があると思いますが、徐々に話し合っていってください。

　そして、そこに訪れる幼児から保護者、スタッフの大人までそれぞれの興味関心に応じ、知りたいことを知りたいだけ情報が受け取れるように、優れた絵本や書籍を揃えたり、環境整備を心がけてください。（幾島 博子）

Topics　性について子どもといっしょに考えられる本

メグさんの女の子・男の子　からだBOOK

メグ・ヒックリング著
キム・ラ・フェイブ絵
三輪妙子訳
築地書館
2003年
本体1600円

低学年に読み聞かせる本ですが、大学生でも聞き入る内容です。小さな子どもは自然なこととして科学的に性をとらえることができます。まずは大人が読んでみましょう。自分と他者の生命が愛おしくなるでしょう。

メグさんの性教育読本

メグ・ヒックリング著
三輪妙子訳
ビデオドック
1999年
本体1800円

子どもたちが性に関心をもつことをすてきだと思えますか。いろいろ知りたがることに穏やかにこたえられますか。この本を読み終えたとき、あなたは誰かと性についてポジティブに語り合いたいと思うことでしょう。

（武田 信子）

Question 21

配慮が必要な子へ意地悪する子がいて、困っています。

Answer

　なんらかの事情（転校生、日本語が堪能でない、発達の特性があるなど）があって配慮が必要な子が、子どもが遊ぶ場でいっしょに過ごすことも多いと思いますが、他の子と同じように遊んだり、生活したりできない子もいますし、なんらかのサポートが常に必要な子もいます。そんな時、配慮が必要な子に対して、他の子がサポートしたり、やさしくしてほしいとスタッフは思うことでしょう。

　配慮が必要な子をみんなで何気なく気遣い、その場自体がとてもやさしい雰囲気の場になることも少なくないので、スタッフはいつでもそうなることを期待したくなります。

　ところが時に、配慮が必要な子のサポートをしたがらないばかりか、意地悪をしたり、口汚いことを言ったりする子がいて、それが全体の雰囲気になってしまうことさえあります。そうなると、スタッフは当然配慮が必要な子を守ろうとし、意地悪をしている子やサポートしようとしない子を責めたり叱責したりし、そのことがさらに事態を悪化させてしまいます。

　配慮が必要な子を「あいつむかつく」などと言う子が時にいますが、そう言いたくなる子どもの気持ちをよく理解しようとしてみてください。その子には配慮が必要な特別な事情はなくても、スタッフの大人からもっと見ていてもらいたかったり、よりどころのない気持ちに寄り添ってほし

52

い、何か手助けをしてほしいという気持ちがあったり、配慮が必要な子を
サポートしていることを認めてもらいたいと思っている場合もあるので
す。配慮が必要な子にはやさしくするのが当たり前と期待するあまり、他
の子への大人としてのかかわりが薄くなり、やさしい気持ちでいることと
逆の気持ちを芽生えさせてしまうことがあることを知ってください。

　スタッフは、配慮が必要な子もそうではない子も同じように一人ひとり
に寄り添い、必要なサポートは惜しまないという気持ちでいることを子ど
もたち全員に示すことが大切です。そして、いろいろな事情や特性をもっ
た人ともともに生きていくことでよりよい生活ができるようになっていく
こと、そのために他者の特性を子どもたちに活かす接し方ができるように
なるとお互いに幸せでいられることを子どもたちに伝えてください。そし
て、子ども同士の間でも困っているときには互いに支え合う気持ちが生ま
れ、自然と行動できるようになることをゆっくりと待つことです。

（幾島　博子）

Question 22

落ち着きなく動き回る子どもを
落ち着かせることはできますか。

Answer

　子どもたちが「落ち着きのない」様子を見せるのは、一つのことをやっているときに次のことが気になって気持ちが移ってしまったり、何か不安に駆られていたり、自分に対応できる以上のことをこなさなければならなかったりするときでしょう。そのために、他者と「ずれた」反応をして、社会生活の中で制限をかけられたり叱責されたりすることがあります。

　彼らは年齢や発達に不釣り合いな行動をとって社会的な活動や学業に支障をきたすことがありますが、やりたいことを見つけて過ごせる場で、過ごしたいように過ごすことを保障しているうちに次第に落ち着いてきます。「落ち着きのない子」がいると思ったら、彼らが伸び伸び生活できるように、スタッフの力を、その力をとくに必要とする子どもたちに集中する体制をつくりましょう。他の子どもたちにも協力を求めて、皆がいっしょに育つ場が作れるといいですね。そのために意識するとよいことをまとめました。

　① **指示を具体的にすること**：「片づけをちゃんとしてね」ではなく、「はさみはこの箱の中に入れてね」のようにわかりやすい指示を出しましょう。「何度言ったらわかるの？」は「どうしたらいいと思うか、教えて」に、「静かに」は「声を『このくらい小さく』して」に言い換えてみましょう。また一度に複数のことを言うのではなく、一つずつ順番に迷うことのないよう静かに穏やかに伝えます。

② **声かけをポジティブにすること**：うまくできたことに着目し、できることを強化しましょう。否定命令や禁止、たとえば、「走らないの！」が理解しづらいので、「歩こうね」と肯定的に伝えるのです。遠くから「ダメ！」というのではなく、近くで「こうするといいよ」と伝えましょう。

③ **周囲の子どもや大人たちの理解を促すこと**：社会には、自分も含めていろいろな特性をもった人がいること、そういうさまざまな人たちが特性を活かしてともに生きていく中で互いに気づきが生じ、人生が豊かになっていくこと、他者の特性を活かす接し方ができるようになると互いに幸せでいられることを伝えていきましょう。

なお、現在は、落ち着きがなく社会的活動や学業に支障をきたす子どもたちを ADHD（注意欠如・多動性障害）と呼び、不注意（集中力がない）、多動性（じっとしていられない）、衝動性（考えずに行動してしまう）の三つの症状がみられる発達障害とみなしています。発達障害について学ぶと同時に、発達障害であるかどうかにかかわらず、その子がどういう気持ちで行動しているかについて考えられるようになることがより大切です。　（武田 信子）

Topics　**子どもが育つ場について考えるために**

映画「みんなの学校」（平成 25 年度（第 68 回）文化庁芸術祭大賞受賞作品）
監督：真鍋俊永　配給：東風　2014 年　106 分

　大阪市の小学校の取り組みを描いた教育ドキュメント。「大空小学校は誰が作りますか」「自分です」「自分って誰ですか？自分だという人、手をあげてください」と、校長先生が言うと、生徒たちの手がわーっと上がる。この映画はそんなシーンから始まります。

　この小学校では、不登校、発達障害、知的障害、トラブルメーカーなどさまざまな事情を抱えた生徒が、皆と同じ教室で授業を受けます。そこでのルールはただ一つ。"自分がされて嫌なことは人にしない、言わない"。この学校で、先生たちは、どんな居場所を作っているのでしょうか。

Question 23

鬼ごっこでオニになると抜ける子がいます。

Answer

子どもたちの鬼ごっこや集団遊びでこんなシーンはありませんか？

・自分がオニになったら、すぐに抜けてしまう

・負けるのがイヤで、最初からやらない / ワザと負けようとする

・オニが一人の子からなかなか変わらない

・タッチされそうになると、すぐにバリア

・「子どもがオニになるとかわいそうだから、大人がオニをやって」と
　言う

　今どきの鬼ごっこ・集団遊び事情を見ていると、なんとも歯がゆく感じ
てしまうときがありますよね。ただ、長い目で見れば、今すぐ集団遊びに
うまく交ざれないからといって、大人になっても社会性が育たないという
ことはあまりなさそうです。

　ルールが守れるようになるには、日々の積み重ねを通して、かなり時間
がかかるものです。毎日の場面ではじれったいものですが、「うまくいか
なくて、つまらない思いをたくさん実感すること」が、実は一番の近道か
もしれません。つねに、大人がトラブルを回避してしまうと、子どもたち
は「うまくいかなかった」という経験が少なくなり、ルールを守りたくな
る原動力を失ってしまいます。

一方で、こうした集団遊びを単に眺めているのが好きな子もいます。中には、どんなに集団遊びに誘われても入らず、小学生時代最初の4年間眺め続けて、高学年になってから、突然鬼ごっこを仕切りだした子もいます。

子どもは、いわゆる「安全基地」をベースにして、「安心」➡「少しの冒険」➡「安心」を小さいうちからたくさん繰り返して、成長していきます。その結果、今までは怖かったものが怖くなくなり、さまざまな不安にも対処できるようになっていきます。子どもなりの度量や器量、手腕といったものも、こうした繰り返しの遊びの経験から育っていくものです。そして、それは乳幼児期からの成長のプロセスと密接につながっています。

鬼ごっこの中で「オニになる」ということは、「集団の中でひとりぼっちになる」「孤立する」ということでもあります。それは、ある意味、とても怖いことです。でも、遊びの中だからこそ、遊びを面白くし続けるためにも、その立場はいつまでも続かず、オニは交代していき、不安や孤立は一時的なものとして解消されていきます。地味に見えますが、これは子ども時代にはとくに必要なプロセスです。

子どもは、自分の変化のタイミングをそれぞれなりに一生懸命に計っているものです。私たちとしては、入るように強要したり、苦言を言ったりしないように注意しながら、長い目でその子の今を感じ、かかわり方を見つけていきたいですね。

（嶋村 仁志）

Question 24

帰る時間がバラバラで、集団遊びが
できません。

Answer

　これは学童保育クラブでのことでしょうか。

　以前、学童保育クラブではおやつの後にみんなで集団遊びをすることが
ありました。おやつの時に話し合い、そのあと全員で決めた遊びに取り組
みました。その取り組みでさまざまな集団遊びを子どもたちは知り、遊び
文化を豊かなものにしていくことができました。スタッフも遊びを伝えて
いるという充実感がありました。Sケン等集団遊びと呼ばれるものが、現
在にも残っているのはそのおかげかもしれません。その集団遊びができな
くなっていることに無力感を感じているのかもしれませんね。

　でも考えてみてください、全員で一斉にやるという取り組みが、遊びの
取り組みとして適切であったのか。決められた遊びをしたくない子どもが
責められたりしたことはなかったでしょうか。

　放課後は本来「個」の時間。他の人に決められた遊びは、遊びではあり
ません。今こそ、すばらしい遊びとの出会いを子どもたちに作ってあげて
ください。

　遊びが広がるコツは、ご存知のように少数でコソコソ。早く帰ってきた
子どもたちでやりたい子どもといっしょに、コソコソやってみてはいかが
でしょうか。それが本当に面白い遊びであれば、遊び文化が人をひきつけ
ます。帰ってきた子がいぶかしがって「何をやってるの」と言って来れば

58

子どもの放課後にかかわる人のQ&A 24

それは「入れて」ということ。気がつくと輪が広がっているのではないで
しょうか。

　やりたいと思ったことには真剣な子ども。学校から急いで帰ってきて、
「○○やろう！」と友だちを集める声が響くようになると思います。そう
なったら遊び文化が定着したということ。もう大丈夫です。

　帰り直前のたとえわずかな時間でも、充実した遊びができると思いま
す。もちろんその時間を大切にしてあげてくださいね。　　　　（宮里 和則）

子どもとのかかわり

Question 25

遊びよりもスポーツをさせて
子どもを育てたいです。

Answer

　遊びはスポーツより価値が低いものと考えているのでしょうか。

　私は遊びのいい加減さが子どもの心を育てるのだと思っています。たとえば、［だるまさんが転んだ］。「だるまさんがころんだ」と言って振り向き、動いた人を名指してつかまえるのですが、動いた動かないは声の大きさで決まるといっても過言ではありません。さらに、「切った！」と言って鬼につかまっていた仲間を解放して逃げるわけですが、「とまれ」と鬼に言われて止まるのもかなりいい加減。そして、鬼がつかまえに行くときも、こんな時は何歩と決まっているわけではなく、その鬼の力量を判断して大股3歩とかさらに小股で5歩とか言いますよね。それでもつかまえられない鬼には靴投げありとかさらには靴下投げありとかどんどん優しくなっていきます。鬼にも心を寄せることができなければ、遊びは面白くなくなってしまいます。

　さらに私が遊びの王様だと思っているのがSケン（右図参照）。二つのチームに分かれ、宝を奪い合う激しい遊びです。陣地の外ではケンケン。ケンケンをしながら戦います。だから相手を思いやる気持ちがなければ、つき飛ばしたり、激しく倒して大けがにもなってしまいます。つまり敵にも共感しながら戦うことができる能力がなければ遊びは面白くなくなってしまいます。スポーツはルールのもと激しく戦っていくのが面白いわけで

すが、遊びは相手に共感することによってルールさえどんどん変えていくことができなければつまらなくなってしまうのです。

ですから、ぜひ子どもたちの遊びこそ大切にしてあげてください。

（宮里 和則）

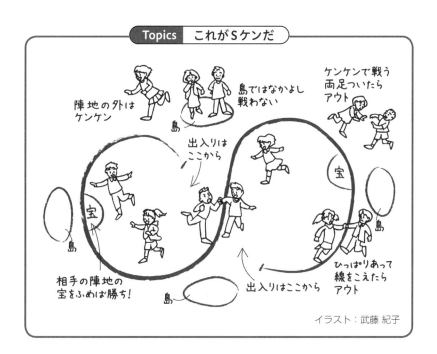

私が初心者だったころ

嶋村仁志

　私が、子どもの遊びにかかわるこの仕事で一番戸惑ったのは、白か黒かで決まるような答えがどこにもなかったことでした。でも、どこかにマニュアルのような答えがあるはず。今思えば、間違った答えを出さないように、ボロを出さないように仕事をしていた気がします。会議の中でも、自分の意見を言うのは、とても怖かった。それは、知らず知らずのうちに、いつも周りを気にしながら育ってきた子ども時代だったせいなのかもしれません。そんな自分に気づき、「きっと自分は、この仕事に向いていない」という思いばかりがめぐり始めていました。

　ところが、仕事を始めて3年目になり、本当にさまざまな子どもたちと出会う仕事なんだと気づく機会が増えてきました。親の言うことを守り、自分の気持ちを押し殺して、友だちにも本音を言ったことがないという中学生。ついに我慢の限界が来て、「今日は家に帰らない」と遊び場で私に話してくれた日。友だちが自分から離れてしまうのが不安で、お菓子をおごることで関係を懸命につなぎとめ続けていた小学生。それでも友だちが離れ、孤立し始めていた日。そして、「どうしたら、遊び場に来るこの子たちが安心して今を生きられるのだろう？」と考えさせられる日々が続いていました。

　そのときに出た結論は、「それぞれの子が「安心」にたどり着けるのであれば、自分ができるすべてのことが答えになる」という単純な気づきでした。けれども、それは自分の周りの氷が解けていくような瞬間でした。答えは、外にはなかった。テクニックや知識そのものが答えなのではなかった。もちろん、それは役に立たないわけではないけれど、答えは自分の中で生み出されていくものだった。それ以来、失敗も多くありますが、この仕事がとても好きになりました。そして、今も、この仕事を続けています。

大人には見えない

宮里和則

　夏休み、子どもたちとキャンプに出かけていたときだった。ガチャンとガラスの割れる音。駆けつけると女の子のバンガローの窓が割れていた。

　中では1年の裕ちゃんが泣いていた。ガラスの破片が飛び散り、石が落ちていた。窓の外には秀明君（1年）が呆然と立っていた。秀明君がやったことは明白だが固まってしまい何もしゃべらない。

　裕ちゃんは驚いただけで、ケガはしていなかったが、ケガ人が出てもおかしくなかったこと。バンガローのおじさんにも謝りにいかなければならないこと。私は怒って秀明君に話していた。しかし秀明君はまったく動かない。言葉が届かない。

　その時「クモなんじゃないの」後ろから亮君（2年）の声が聞こえた。「え」振り返る。「クモに石をぶつけようとしたんじゃないの」

　外に出てもう一度見ると窓の前に大きなクモの巣が張られていた。私にはこんなに大きなものが見えていなかったのだ。

　「クモにぶつけようと思ったの」と聞くとこくんとうなずく秀明君。「そうか……でも悪いことしたのはわかってるよね」と話すと「うん」。秀明君の心にようやくたどり着いた。「いっしょに謝りに行こうか」と話し並んで歩き出した。

　歩きながら、子どもには見えていて、大人には見えないことが世の中にはたくさんあるのだろうと思った。

　そして、そんな子どもの世界をのぞいてみたい。子どもたちの不可思議な行動のわけを解き明かしてみたい。子どもの世界がわかれば、より共感することができ、もっと寄り添うことができる。そう思うようになった。

Question 26

ケガに保護者からのクレームが入るので、子どもに好きなことをさせられません。

Answer

かわいい我が子が痛い思いをしている、それに心を痛めない親はいないと思います。そのケガがはなぜ起きたのか、どういう流れでなにがあってそうなったのか、その時スタッフは何をしていたのか、ちゃんと注意を払っていたのか、他の子との関係で起きたとすれば、その子はどういう子で自分の子どもとは日常的にはどういう関係だったのか。親としては、自分が見ていないところで起きたことゆえに、おそらく知りたいことがたくさんあるのだと思います。そのため、わかる限りにおいてそれらをしっかり伝えることが必要です。

ただ、ケガはスタッフが全くあずかり知らぬところで起きることもあります。子ども自身が大人の目から逃れようとすれば、その機会も増えるというものです。その場合、見ていた人（子）から状況をよく聞き取り、「おそらくはこのような状況で起きた」と伝えられるようにします。この時保護者が見ているのは、スタッフがその事態を「重要と感じて対応してくれているか」ということです。

しかし、Q42「危険をともなう遊びをどう制限したらいいですか。」にもあるように、ケガは悪いことばかりを生むわけではありません。多少の痛い思いは、その子の危険に対する対応能力を大きく高めます。何より、彼らは自分で育とうとするから自分の限界に挑戦するのです。そうである

以上、危険とは隣り合わせなのだと知らなくてはなりません。また、相手がいる場合でも、子どもは一定のトラブルを起こしながらコミュニケーションする力を育んでいくものです。したがって、こうしたことについての話は、説明会や保護者会、通信などを通じて日ごろから保護者に伝え話し合う努力をすることが欠かせません。実際にケガが起きた後では、冷静に話し合えない可能性があるからです。

　親の側からすれば、「預けたのだから責任をもって預かってほしい」という意識も大きいのかもしれません。しかし、保護者とスタッフでは立場も役割も違います。保護し暮らしをつくることが本質的な役割の保護者と、社会化を促すことが本質的な役割のスタッフと、お互いその違いを確認し、尊重し、それぞれの立場からその子の育ちを支える。その子を通じてそうした仲間としての関係が作れるといいですね。　　　　（天野 秀昭）

Question 27

いろいろずれを感じる保護者との
つきあい方に悩んでいます。

Answer

　保護者とどういう関係を築いていったらいいか、なかなか悩ましいところがありますね。しっかり味方についてくれればこれほど心強い相手もいませんが、対立したりすればたいへん手ごわい相手ともなります。では、この「心強い」と感じる場合と「手ごわい」と感じる場合の、自分と相手との関係性を見てみましょう。そこにヒントがありそうです。

　心強いと感じる場合は、同じ課題を共有しいっしょにそのことを考えて一役買おうとしてくれている、そんな時ではありませんか。手ごわいと感じる場合は、課題の共有などは全くできずむしろ別の課題が最重要だと迫られている、そんな時ではありませんか。

　この関係を絵的に表すと、横に並んだ二つのブランコに乗る向きの問題でとらえることができます。同じ方向に向いて座れば同じ景色を見て、ブランコの揺れを合わせながらその景色について語り合えます。ふたりが逆向きに座れば、同じ景色は見えません。お互い、自分のペースでこぎ自分の見える景色こそが正しいとしか思っていないと、話は全くかみ合いません。お互いが、自分と同じ景色を見てほしいと思い相手の見ている景色には興味も示さないのであれば、ここにはコミュニケーションは全く成立しないことになります。

　こうした状態は、長く続くと信頼関係に問題が生じます。この状況を打

66

開するためには、大きく分けると二つの選択があります。一つは、自分の見ている景色をはっきり伝えること。子どもにこうあってほしいと願うから自分はスタッフとしてこうしているのだと、その判断と行動の根拠を相手に伝えるのです。そして相手に、同じですか違うと思うのならどこが違うか教えてくださいと確認する。もう一つは、相手の見ている景色はどういったものなのかを知るためにいろいろと聞く。場合によっては、その景色を知ることでなぜその親がそう言うのかが見えてくることがあります。いずれにしても、一度どんな景色を見ているのかをはっきりさせるということが求められます。

　プレイワーカーが見る景色の本質である「子どもが生き生きと遊ぶことができる世界」。その理解を少しでも広げることが、子どもの育ちの環境を豊かにしていきます。

（天野 秀昭）

Question 28

服を汚すと、子どもが叱られます。
どうしたらいいでしょうか。

Answer

　子どもが遊ぶ場にいると、「子どもは服を汚すくらい元気に遊んで当たり前」と単純に思いたいところですが、保護者の立場になると難しい時もあります。仕方がないと保護者自身も理解しつつも、その服が買ったばかりだったり、よそ行きの服だったりすることもあるでしょう。泥汚れは下洗いが必要ですし、洗濯は大変です。スタッフの中には子育て中の人もいると思うので、保護者の立場を優先してしまいたくなるところです。

　ただ、そうだとしても、子どもの遊びの場にかかわるスタッフとして第一に考えたいのは、「服が汚れているのも忘れて夢中になって遊べる体験」の貴重さです。それは、振り返ればあっという間に終わってしまう子ども時代の、身体に刻み込まれた宝物でもあるからです。

　子どもが叱られる前に、先手を打って、ニュースレターなどで保護者にメッセージを発信してはどうでしょうか。メッセージは、正論をぶつけるより、「ラブレター」として組み立ててみましょう。保護者の立場も理解したうえで、子どもの遊びを守るコーディネートができれば、この仕事の価値もより理解されていくはずです。右ページに、ある施設で重版がかかるくらい人気のあった通信を紹介します。

（嶋村 仁志）

※右ページはコピーフリーです。ご自由にお使いください。

子どもの放課後にかかわる人のQ&A 28

保護者とのかかわり

子どもたちがよごれてしまうのは、
自然のままの遊び場で、つい夢中になって遊んでしまうから。
でも、汚れるのも気にならないくらい夢中になって、
目を輝かせて力いっぱい遊んでいる子どもたちの姿って、
ほほえましいですよね——。汚れた後のことさえ考えなくてよければ。

川崎市子ども夢パーク『夢パークつうしん』2007年3・4月号 No.18 より

Question 29

サービスの提供者として求められてしまい、
子どものための実践ができません。

Answer

　「うちの子がブランコ乗りたいって言っているので押してあげてください」。私もあなたと同じように、保護者からサービスの提供者として声をかけられたことは何度もあります。単なる子どもの遊び相手の若者としてしか見られていないのならば、それは悲しい気持ちがしますよね。しかし、この時、保護者の方は何を思って私に冒頭のような声をかけたのでしょう。多くの保護者は、我が子の育ちへの不安でいっぱいな中で子育てをしていたりします。もしかしたら、幼い兄弟がいるため、普段なかなか構ってあげられないことへの焦りや不安があり、助けてほしいという気持ちがあったのかもしれませんね。

　私たち、子どもの遊びにかかわる大人の仕事は、子どもとのコミュニケーションはもとより、保護者の理解を得る部分が大きくもあります。どれだけ子どものためになるかかわりや環境づくりを懸命にやったところで、保護者の安心や納得や支持がなければ、継続することができません。対面で伝えることができる環境であれば、対面でコミュニケーションをはかることを心がけましょう。もちろん、施設が発行しているお便りなどを使うことも選択肢の一つです。壁新聞、写真、web サイト、メールマガジン、SNS など、さまざまな選択肢の中から「伝わりやすい」手段を選んで発信していきましょう。大切なことは「重要なことだけ伝える」ので

はなく、日々の些細なコミュニケーションです。たわいない話題ができる
関係性をつくれる人は、大切な話を伝える際にも、保護者のひととなりを
知っているため緊張することなく話ができます。

　大人に伝えるべきは子どもの日々の姿ということを意識するようになる
と、子どもたちを見る目も養われます。子どものどんなシーンを切り取っ
て伝えたら良いか、保護者の不安を取り除くにはどう伝えるかなど、どの
ようにすれば信頼を得ることにつながるかがわかるようになってくるで
しょう。保護者の大切にしている思いを尊重しつつも、子どもの育ちを
しっかりと見つめているという姿勢は、保護者からも質の高い専門職とし
て評価されることとなるでしょう。　　　　　　　　　　　（関戸 博樹）

Question 30

「とにかく宿題をさせてください！」という親に、どう対応したらよいのでしょうか。

Answer

　ほぼ毎日出される宿題、その子にいつやるように言うか？　やろうとしているのに集中できない子にどう対応するか？　わからなくて困っている子への指導など、毎日悪戦苦闘している人も少なくないでしょう。

　まず宿題について考えてみたいと思います。宿題は、学校の担任が子どもに出すもの。「決まった日までにやりましょう」という担任と子どもとの間の約束事です。そして、その約束を守るかどうかは子ども自身が決めることです。とはいっても時間管理や見通しをもつことがまだ十分にはできない低学年の子どもへは、大人の声かけも必要でしょう。そのような場合でも、「やりなさい」ではなく「やらなくていいの？」などと声をかけ、宿題をいつやるのかは、本人の意思で決めることを大切にすることが重要です。

　さらにここに保護者の意向が加わってきた場合です。放課後事業の場で宿題を済ませてもらいたいというのは保護者の意向ですが、スタッフが同じ意向で「ここで宿題をやりなさい」と言う必要はあるのでしょうか。子どもに伝えるとしたら「お母さん（お父さん）は宿題をやってきてほしいと言ってるけれどどうする？」。ここから先どうするかは子どもの判断に任せます。

　放課後事業の場は、大勢で遊んで過ごせる貴重な時間帯です。家に帰れ

ば遊ぶ友だちはいないので、宿題は帰宅後一人でやる方がいいともいえます。子ども自身に「宿題は帰宅後にやりたい」という気持ちがあるのに、親にその気持ちを伝えきれない子どももいます。その子と親との関係がどうなっているかをよく見て、親との関係調整をする必要がある場合は、できれば対面で、あるいは電話や連絡帳で試みます。その場合、スタッフと親との間に信頼関係が築かれているとスムーズに進みます。

　あなたは宿題を出す教員の代弁者でも、宿題を帰宅前に済ませてほしいと思っている親の代理人でもありません。子どもが放課後をどう過ごし、宿題をいつやろうと思っているのかの気持ちに寄り添い、子ども自身が自己管理していけるようにサポートする立場に立つことが最も大切です。

（幾島 博子）

保護者とのかかわり

Topics　**海外宿題事情**

　オランダの小学校ではほとんど宿題が出ませんが、それでも世界的な比較調査で学力は低くありません。学校では子どもたちが自律的に勉強する方式を採用しているので、黙ってぼーっと先生の話を聞き流している時間がなく、思考力が身につきます。だから塾も宿題も必要ないのです。毎日やれと言われていやいややる時間が、勉強嫌いを作っていないでしょうか。膨大な宿題の時間とそれをさせるときの大変なやりとりは、大人の都合や工夫不足から生まれているのではないでしょうか。

（武田 信子）

Question 31

外国人の保護者とのコミュニケーションの
取り方がわかりません。

Answer

　外国人にとまどう理由は、ことばが通じないということ、文化の違いが
わからないこと、外国人と話している自分を周りの人がどう見るか気にな
ることなどでしょうか。でも、みなさんの仕事の中心はそこに来ている
「子どものケア」ですよね。目の前の子どもがしっかりケアできる条件を
整えていっしょに育てていくために、その保護者とどうしたらいいかを第
一に考えていきましょう。

　まず、自分が海外に行ってそこで生活していると仮定してみましょう。
子どものケアをしてくれる人と、どんなふうにやりとりできるといいと思
いますか。

　ことばに不安があり、十分な生活の情報が得られず、文化も異なる社会
の中では、

　① 子どもが自分のいない間に困っていないか、いじわるされていない
　　 か。先生や子どもたちがどうフォローしてくれているか知りたい。

　② 連絡事項がわからないので、誰かに確認したい。

　③ ことばが通じないからといって距離を取られるのは辛い。声をかけ
　　 てほしい。

という感じでしょうか。通訳をしてくれる保護者や母国語の話者が見つか
れば頼ることができますが、頼るばかりでは申し訳なく、自分でできるよ

うになりたいと思うでしょう。

　そういう保護者とともに子どもを育てるためには、

① 最初から自然で温かい関係性を育む。

② 母国語を話せる人や場、機会やサービスを調べ、紹介して、実際につなぐ。

③ 連絡事項は紙に書くなどして強調して伝えて、わかっているかどうか確認する。

④ 常に声かけをする。

　このようなことが必要でしょう。さらに、

⑤ 文化紹介、料理会など、お互いが知り合う交流の機会を設ける。

⑥ 行事に誘い、人とつながるきっかけとなる楽しい役割を担ってもらう。

　このような工夫もいいですね。世界中のどこの親も、人としてさほど変わりはありません。まず自分が自然な関心をもつようにすることから始めましょう。にっこり簡単なあいさつからコミュニケーションを取りましょう。

（武田 信子）

Question 32

家庭状況にどこまで入ってよいのか、
悩んでいます。

Answer

　子どもが遊んで過ごす場で子どもに接していると、その子の家庭の様子がぼんやりと、時にははっきりと見えてくるものです。その子がその子らしく伸び伸びと育っていくことの基盤を作っている家庭の場合は、家庭状況に踏み込む必要はないですが、その子の育ちや学校、放課後の場での様子が気になり、そこに少なからず家庭のあり様が影響していると思われる場合はどうしたらよいのでしょう。

　その子の親も困っていたり、気になっていたりして、信頼関係をもてているスタッフに相談してくれる場合は、親身になって話を聴き、できる範囲で相談に応えていくことができます。その場合も一人で抱え込まず、同僚やリーダーと複数で共有しながら対応し、より専門的な対応が必要だと感じたら、信頼できる専門機関に繋ぐことが大切です。

　ところが、親は問題に気づいていない、あるいは家庭のあり方や親の考え方について他人から干渉されたり、アドバイスされたくないという場合もあり、その時にスタッフは思い悩むことでしょう。

　ベースは、どんな家庭のどんな親とも日ごろから信頼関係をはぐくもうとすることです。これが最も大切です。誰だって、信頼していない人に家庭内の問題は知られたくない、踏み込んでほしくないと思うはずです。

　信頼関係づくりの一歩は、その子のよいところを保護者に伝えていくこ

とから始まります。それまで対面したことのない保護者に、いきなり何か問題を起こしたことを伝えることが初めてのアクションだったとしても、その子が放課後にどのように過ごしているのかのよいエピソードもいっしょに話すことは絶対に欠かせません。次に大切なのは、親を責めないこと。どんなこともその原因や理由は複合的な場合がほとんどですし、明確にはわからないことも少なくないので、親だけの責任ではないという立場に立つことです。よい親でいたくない大人はいません。その子にとってよい親でないように見えるのは、どうしたらよいかわからないか、勘違いしているか、困っているかがほとんどでしょう。その事情に寄り添い、話を聴いていけば信頼関係は少しずつできていき、家庭内のことも話してくれるでしょう。話してくれたことはいっしょに考えていくことです。「入る」というより「入れてくれる」ように待つのです。

（幾島 博子）

子どもの可能性を殺していた犯人

天野 秀昭

　19歳のころ、ぼくは子どもが本当に嫌いになった時期があった。
　当時美大生だったぼくは、近所の小学生を対象に図工教室を開くというサークルで、4年生7人を担当していた。そのサークルは、教育実習だけでは実践力が身につかないと考えた学生が立ち上げた、美術教師を育てるためのサークルだった。学習指導要領に基づき、毎回指導案を作る。それを事前にサークル内で何度もたたき、ブラッシュアップして毎週ある2時間の実践に臨む。その繰り返しの中で、実践力を磨こうとしていた。
　子どもが大好きで、大学以外の世界とも触れたいと思っていたぼくは、迷わずこのサークルに入った。指導案作りでは、先輩からの容赦のない指摘に毎回さらされた。それでも授業がうまくいけばよかったのだが、子どもは全く言うことを聞かなかった。大学1年の終わりころ、そんな子どもが嫌になり、サークルもやめようと考えていた。このサークルに入ったことを心から悔やんだ。
　そんな鬱々とした中、とても春うららかな実践日があった。あまりの気持ちよさに、外で遊ぶことを決めた。ほとんど、授業放棄の気分だった。教室として使っていた公民館の隣の大きな原っぱに出ると、一匹の蝶がひらひらと舞っていた。子どもはそれを、一斉に追い始めた。ぼくもいっしょに追った。そうしたら、中の一人が大きな声で叫んだ。「僕これを描く！」「僕も！」「私も！」。次々と子どもが叫び、画板や絵の具を取りに公民館に飛び込んだ。戻ってきた子どもたちは原っぱに座り込み、ものすごい集中力で絵を描き上げた。その絵は、今まで見たこともない生き生きとしたものだった。ぼくがこの子たちの可能性を殺していたのだと、その絵が語っていた。

私を変えた子どもたち

関戸 博樹

　遊びにかかわる仕事に就いて3年めぐらいに、イベント型の遊び場をつくる仕事によんでもらったことがありました。その頃、私は子どもがより楽しく遊べるように環境をつくることの魅力にはまり、できる環境があれば木にロープをかけてブランコやモンキーブリッジ（綱渡り）、ハンモックなどをつくっていました。

　この日、遊び場の開催が始まると、子どもたちの関心は焚き火や木工に集まっていました。しばらくして空には赤トンボがとびはじめ、木工作の材料であった細長い棒を持っていた子どもが、思いついたように棒を空に向けました。するとすぐにトンボが棒の先にとまり、瞬く間に遊び場中に棒を空にかざしてトンボ捕りをする子どもの姿が広がりました。私はそんな様子を見ながら、モンキーブリッジを結ぶことに一生懸命になっていました。そして30分ほどかけて完成したところで、私は子どもたちに向かって大きな声でこう言いました。「モンキーブリッジできたよー！」。

　するとトンボ捕りに夢中になっていた子どもたちが一斉にやめて私のつくったロープ遊具のところに群がってきたのです。この瞬間、私は「しまった……」と感じました。近くにつまらなさそうにしている子がいたり、ロープを張っている私に「何つくっているの？」と関心を示してきた子がいたならばまだしも。私の声かけは「せっかくつくった遊具で遊んでほしい」という私の気持ちの先走りだったのです。

　「子どもたちの様子を見て、必要に応じて環境をつくる」とはいかに難しいことか、それからも何度も"子どものやってみたい"気持ちを見ずに、"私のやらせたい"を優先させることがありましたが、その度にこの時のことを思い出しては軌道修正ができるようになっていったのでした。

Question 33

特定の児童とだけ遊ぶスタッフがいます。

Answer

　子どもたちとの間に次々と新しいアイデアが生まれ、おしゃべりが弾む体験は、子どもの遊びにかかわる仕事の楽しさの一つです。こうしたやりとりの積み重ねは、スタッフとの信頼関係にもつながっていくものです。

　ところが、この質問のように、スタッフが同じ子どもとばかりかかわっている場合はどうでしょうか。もちろん、スタッフの得意分野で子どもとの過ごし方に偏りが出るのは、当然のことでしょう。その一方で、自分のところに来る子ばかりに気を取られて、来ない子のことが目に入らなくてもよいわけではありません。また、ついつい、自分のことを好きでいてくれる子どもだけを優先しようとしてしまうこともあります。

　これは、「えこひいき」と呼ばれ、避けるべき実践の一つです。「えこひいき」が起きる原因には、スタッフ自身の不安が反映してしまっていることがあります。とくに、まだ場所に慣れていない場合や、仕事を始めたばかりのスタッフの場合、「子どもが安心できる遊びの場をつくる」ところを無意識のうちに勘違いして、スタッフ自身の安全基地を確保するために子どもを利用してしまうこともあります。ただ、こうした行動は、スタッフ自身の不安が解消していけば、なくなっていくでしょう。一方で、スタッフ自身が幼少期からの育ちの中で乗り越えられていない課題をもっている場合には、注意が必要です。その場合、なついていた子どもが自分か

子どもの放課後にかかわる人のQ&A 33

ら離れ、他のスタッフと仲よくしていると、無意識のうちにその子に冷たくしたり、悪口を言ったりするような場面も出てくるでしょう。

　その他にも、「そのスタッフは、なぜ特定の子とだけしか遊ばないのか」を考える必要があるでしょう。スタッフが子どもの家庭背景などで配慮を必要と感じていることも考えられます。この場合は「えこひいき」ではありません。スタッフが特定の子に力をかける必要があるときは、全体で事情を共有することが不可欠です。

　私たちの仕事の目的は、子どもを選ばず、すべての子どもが遊びこめるような環境づくり・関係づくりをすることにあります。人には得手不得手もありますが、直接かかわること以外にも、素材の用意や遊びのきっかけづくりなど、子どもの遊びを支える方法はいくつもあるものです。そして、子どもたちはそういうスタッフの姿を意外とよく見ていて、興味をもつようになっていきます。

（嶋村 仁志）

スタッフ同士のかかわり

Question 34

スタッフ同士で固まって話しているのが、気になります。

Answer

　子どもがすでに来ているのに、職員が固まって話をしているということは、どうしてもそうしなければならない状況だということなのでしょう。

　それは、どんな場合が考えられるでしょうか。

　緊急のどうしても話さなければならないことが起きたということもあるでしょう。その日の振り返りのミーティングの時間まで待つことができないような情報共有の必要性があれば手短に話をすませるか、子どもの遊んでいるそばにいる人と、職員室などで話し合いを進める人とに分かれるようにすることが望ましいでしょう。緊急度にもよりますが、子どもがいる時間帯に話し合えることには限界があります。改めて話し合える時間を作ったほうが落ち着いて話せるのではないでしょうか。

　しかし、もしかしたら、とくに緊急性はなく、子どもとかかわることよりも優先させて、その時に情報共有する必要のないことを話しているのかもしれません。あるいは、遊んでいる子どものそばでどのように行動したらよいのかがわからず不安になり、ついつい安心できる大人同士固まりたくなるといったことも考えられます。子どもの遊ぶ場でのスタッフ経験が浅い人同士で起こりやすいのですが、逆に経験は長くてもなれあった関係の中でもありうることです。

　あなたは、さまざまな職業がある中から、子どもが遊んで過ごす時間帯

82

で、子どものパートナーとなることを選んだのです。目の前の子どもの姿をよく見てください。面白い発見がたくさんありませんか？　そのうち子どもの世界の邪魔にならないような、あなたが果たす役割があることに気づくことができるでしょう。そうすれば、自ずとスタッフで固まっていることもなくなるのではないでしょうか。

（幾島 博子）

Question 35

手出し口出ししすぎに思えるスタッフが
いますが、評価が高いのです。
どう話したらいいのでしょうか。

Answer

　その疑問は、どうして生まれたのでしょうか。「まだ手をかける必要が
ない、またはそこで手を出すのはかえってマイナスでは。そう思うことに
も手をかける職員がいる。それは子どもにとってプラスになるとは思えな
いのに、手をかければとにかく評価される。それはおかしくはないか。お
かげで私は何もしていないように思われる」。もしその思いから生まれて
きた疑問であれば、それは基本的に素晴らしい気づきだと思います。

　シンプルな例であげると、転んで泣き出した子どもを慌てて助け起こ
す。これは余計な手の掛け方です。泣きながらも自分で起き上がるのを待
つ。それが大事です。そうでないと、子どもに「助けてくれる」という依
存心を植えつける可能性があります。さらに大人が慌てて対処すること
で、転ぶことは「失敗」であり相手に心配をかけることだというマイナス
の思いを子どもに抱かせてしまうかもしれません。それは失敗してはいけ
ない、心配かけてはいけないと、その子の気持ちを萎縮させてしまうこと
にも繋がります。だから、自分で起きてくるのを待つ。けれど、それは決
して突き放すというわけではありません。そこで、起き上がってきたら笑
顔で抱きしめてあげる。そうすると、子どもは見守っていてもらったとい
う安心感を抱くことができます。

　ここで、冒頭の気づきを素晴らしいと言いつつなぜ「基本的に」とつけ

たかですが、最後が少し残念だからです。「おかげで私は何もしていないように思われる」というのは、子どもへの思いではなく、自分の評価に対する感情ですね。素晴らしい気づきをしているのですから、そんなことなど気にせず堂々と「なぜ手をかけるのか」を相手のスタッフに聞いてください。先の思いを抱いていると感情的になってしまいます。そうではなく、本当に聞きたいからという思いで。それは、スタッフのあり方、子どもへの向かい方を深く考えることができるきっかけに必ずなると思います。

　ところで、子どもと何もしない人も逆にいます。そんな人がいた場合、その人が他で何をしているのかもしっかり観察してください。子どもが遊びやすい環境をつくりつつ子どもに直接は何もしていないとすると、学ぶべきこともたくさんあります。子どもに対しては、何かを「する必要があるのにしない」ことも、「しない必要があるのにする」ことも、どちらも問題です。時には、「しないということをする」、そこに意識を向けることも大事ですね。

（天野　秀昭）

Question 36

保護者に別の子どもの悪口を言ってしまうスタッフがいます。

Answer

　保護者 「〇〇ちゃんにうちの子が、帰り道で嫌なことされたんですよ」
　スタッフ「そうなんですか。私たちも困ってるんですよ、〇〇ちゃん」

　保護者の気持ちに寄り添って味方だと伝えたいあまりこんなことを言ってしまったことがありませんか。でももちろんこれは間違った寄り添い方。プロ意識の欠如です。自分を責任のない位置に置いておきたいという表れかもしれません。
　子どもが大人から見て悪いことをする場合は、それはメッセージです。そのことから解き明かすことができる問題のカギだととらえてください。ですから「心配でしたね……」と保護者の気持ちを受けとめて、まず教えていただいたことへの感謝を伝えましょう。そしてスタッフで話し合い、かかわり方を考えることを伝えてください。
　もし悪口を言ってしまった場合はできるだけ早く、その保護者にもう一度声をかけて下さい。そのままでは言われた子どもの保護者だけでなく、悪口を言ってしまった保護者からも信頼関係を失う可能性があります。そしてスタッフで話し合ったことや、子どもたちの様子などをていねいに伝えてください。
　さて、こういった対応をしてしまうのは、スタッフの中で、子どもへの思いがバラバラだからではないでしょうか。誰もが安心して心豊かに過ごせる居場

所を作るために今まで努力してきたのですから、これをきっかけにスタッフ同士で子どもについて話し合う場を作りましょう。場が作れなければノートでもいいと思います。ポイントはその施設での子どもたちの面白いこと、ホッとさせられたこと、素敵なことをたくさん見つけて伝えあうこと。子どもを悪口で語るのではなく、その輝きで語れるような関係をぜひ作ってください。

(宮里 和則)

Topics 「ヒヤリハット」から「ニヤリホット」へ

　「ヒヤリハット」とは重大な事故にはならなかったが、「ヒヤリ」としたり、「ハッ」としたエピソードを集め、事故を未然に防ぐために医療や介護の現場で活用されている記録法です。

　対して「ニヤリホット」は東京都杉並区の有料老人ホーム「ライフ＆シニアハウス井草」から広がった記録法です。「ニヤリ」とさせられたり、「ホッ」とさせられたエピソードを集めることで、入居者のできることに注目したケアプランに反映させることを目的にしています。

　たとえばこんなことが報告されています。目を離したすきに入居者が車椅子から立ち、歩行したそうです。こんな時「ヒヤリハット報告」であればすぐに「見守り強化」という対応になりますが、「ニヤリホット」では、「こんなに歩けるんだ！」とプラスの報告になったそうです。そしてこの入居者のケアプランが、自分で立つこと・歩くことを目指したものへと変更になったということです。

Question 37

子どもの輪に入りすぎたり距離を置きすぎたり、かかわり方が難しいです。

Answer

　遊びは、「やってみたい」というその子自身の欲求から始まります。そうである以上、その子が主導権を握る必要があります。大人が戸惑うのは、まさにこの部分です。大人が主導権を握る分には大人の判断で子どもを動かせばよく、時間的ペース配分から何をさせるかまで大人の計画通りに動かすことができるので安心できます。問題は、それを子ども自身が握った時なのです。その時、どう自分がかかわったらいいのかわかりにくいのです。つまり、この質問者は、子どもに主導権を渡そうとしているから戸惑っているのですね。その意味では、とても大切な迷いです。

　子どもの遊びにかかわるスタッフの最も大切な役割は、一人ひとりの子どもが、その子の興味関心に合わせて豊かな経験を積めるよう、その「環境」を整えることにあります。遊びの素材には何を準備しておくか、工具はどんなものを揃えるか、場（空間）には何を設置するか……そうした物的なことはもちろん、「環境」には、人的なものもあります。スタッフ同士が現場にかかわる姿勢は共有できているか、保護者との信頼関係は構築できているか、近隣の人との関係は良好か……こうしたことすべてが、子どもが豊かな経験を積むうえで重要となります。さらに、子ども同士が交ざりあい、子どもの世界をつくりあげることができる働きかけがそこに加わります。それは、時にはいっしょに遊ぶ友だちだったり、時には距離を

おいて俯瞰する第三者だったり、時には子ども同士が話し合うことを促す
コーディネーターだったり、その時々によりスタッフのふるまい方はさま
ざまです。

　そうなのです。遊びにかかわるスタッフには、かっちり決まったマニュ
アルがないのです。そこにあるのは、その時々のそこにいる子どもとのや
りとりです。試行錯誤を続けることで、大人としてどうふるまうことが子
どもの遊びを活性化することにつながるのかが見えてきます。その判断の
基準を示してくれるのは、おそらく子どもの動きであり笑顔です。その変
化を感じ取ってください。

　子どもが主導権を握るのですから、遊びの場では大人はわき役です。し
かし、主役である子どもは、名わき役がいることでさらに光り輝くのです。

（天野　秀昭）

Question 38

子どもの体力についていけません。
どうしたらよいでしょうか。

Answer

　鬼ごっこやドッジボールなどの遊びを子どもといっしょになって遊んで楽しむ体力は、年齢や性別によってはもちろんですが、職員によってはもともと持ち合わせていないということもあるでしょう。確かに、子どもといっしょに走りまわり勝負をかけて遊ぶことは、子どもから心許せる大人として認知してもらう近道でしょうし、子どもからも「いっしょに遊ぼう」と声をかけられることも少なくないでしょう。

　体力だけでなく、制作活動の知識や技術、伝承遊びの技、ゲームなどの持ちネタの数や得手不得手など、さまざまなことで子どもの遊ぶ場にいる大人として、自分のもっている能力に足りなさを感じている人は少なくないかもしれません。子どもの体力や遊びなどの力は、年齢性別などでさまざまなので、すべての子どもと対等の力でかかわって遊ぶことはできないことは明らかです。

　　高学年の子とスポーツをいっしょに楽しめるスタッフ

　　強い子どもと対戦しても負けない将棋の達人

　　子どもの創造意欲をかきたてるような制作物をつくれる人

　　コマやけん玉の技を極めている人

　　楽器を弾いて、子どもと音楽を楽しむことのできる人……

　　みな、子どものそばにいて魅力的な人でしょう。複数のスタッフがいる

場合が多いと思うので、役割分担をして自分の持ち味を活かし、補い合いながら子どもの期待に応えられればよいと思います。また、地域の人やボランティアなど、いろいろな力のある人を呼び込めば、子どもはさまざまな大人と出会えるようにもなります。

　しかし、子どもといっしょに走れなくても、将棋がさせなくても、工作が、技遊びが、楽器が苦手でも、スタッフには欠かせないもっと大切なことがあります。それは、子どもの「やってみたい」という気持ちを尊重し、さまざまな感情表現をありのまま受け入れること、つまり子どもの気持ちに寄り添うことができる力です。苦手なことがたくさんあるからこそ、子どもの気持ちがよくわかることもありますし、性別年齢を問わず誰もが手に入れることのできる力です。

　子どもの気持ちに寄り添う力こそを磨いてほしいと思います。

（幾島 博子）

スタッフ同士のかかわり

Question 39

遊びの中でどこまで許すかが、スタッフにより違います。

Answer

　「あのスタッフ、なんで注意しないの」と憤慨したり、「○○先生ならダメッと言うと思うから注意しておこう」と自分ではこのくらいはいいと思っても、とりあえずやめさせてしまったり…。

　反対に「危ないと思うけど、○○先生はいいと言うだろうからそのままにしておこう」と放置してしまったり。

　新しいスタッフが入ってきた時はとくにそうですが、お互いの思いがすれ違い、子どもへのかかわり方で不満や不信が生まれることが多いです。そんな環境では子どもたちがのびやかに生活することはできません。

　子どもを大切したいという思いは同じなのですから、話し合うことにより解決したいものですね。

　スタッフ全員で、それぞれの判断基準を確認してみませんか。

　「判断の物差し」というワークを紹介します。なかなか統一の判断基準ができなくても、それぞれの大切にしたいことが見えてきて今までより動きやすくなると思います。なお、いっしょにQ47「危険を判断する基準がわかりません。」や「現代の課題×子どもの過ごす場　その4」（P126-127）を読み、リスク（自分から挑戦する危険）とハザード（目に見えない危険）やスタッフ同士の理解の深め方について学んでください。共通の判断の物差しが作りやすくなります。

（宮里 和則）

WORK　判断の物差し

準備するもの：模造紙、2色の付箋
① テーブルを囲み、座る。
② 危ないと思ったこと、判断に困ったことについて、それぞれが付箋1枚に一つずつ書く。(例：「木に登る」「枝を振り回す」など)
③ 模造紙をテーブルに広げ、左右に大きく一本線を引き、「判断の物差し」と名づける。
④ 物差しのメモリをみんなで考えて、もう一色の付箋に一つずつ書く。
　　(例：「見守る」「すぐにやめさせる」「危ないところを伝える」「声かけをする」など。「私が見ているときだけOK」「叱る」といったものが出ることもある)
⑤ 「判断の物差し」の線上に、メモリを貼っていく。
　　(例：一番左端に「見守る」、右端に「すぐにやめさせる」など。メモリの配置は等間隔でなくてよく、線上のどこにメモリを貼るかを話し合うこと自体に意味がある)
⑥ 危ないと思ったこと、判断に困ったことについて書いた付箋を、それぞれのメモリの近くに貼りながら、そこに貼った理由を話す。
⑦ その位置でよいかについて、みんなで意見を出し合いながら、共通の判断の物差しを作り上げていく。

Question 40

自分の実践をどう振り返ったらよいか わかりません。

Answer

　子どもが遊ぶ場をつくるという私たちの仕事は、社会に正当に評価されることは少なく、時に「たかが子どもの遊び相手」と軽視されがちです。しかし、子どもへのかかわり方は常に決まった答えがなく、何年経験していても学びがある奥の深い仕事です。あなた自身も、日々の子どもとのやりとりの中で「どう対応すればよかったのだろう？」と悩むことは多いことでしょう。そんなあなたにとって、ベテランのスタッフがうまく子どもたちとやりとりをする姿はどのように映りますか。

　もしかしたら、他のスタッフがどんな動きをしているのかを見ることすら、余裕がなくてできていないこともあるかもしれませんね。また、ミーティングの場などでは、スタッフ同士が話している内容についていくことができていないというのはよくある悩みです。そして、そんな自分にさらに悩み、落ち込むこともあるでしょう。私自身、新人の時につらかったことは「ミーティングで意見を求められても、自分の思っていることを言語化できなかったこと」でした。

　振り返りをする際、子どもたちに対して「何をしたのか」ばかりに囚われてしまうことがありますが、「なぜ、そのようにかかわったのか」という自分の意図についても振り返ってみましょう。それでもなかなか解決しない気にかかる状況があったときには、F. コルトハーヘンの振り返りの方

子どもの放課後にかかわる人のQ&A 40

法（『教師教育学』学文社、2010年）を使ってみましょう。下記の表の8つの
項目に答えて書き出してみて下さい。

「それはどのような状況でしたか」
「そのとき、下表の8つのそれぞれはどうでしたか」

自分	子どもたち
1. 何をしたかったのか。	5. 何をしたかったのか。
2. 何をしたのか。	6. 何をしたのか。
3. 何を考えたのか。	7. 何を考えたのか。
4. どう感じたのか。	8. どう感じたのか。

　8つの中で、どこか答えにくいところはありませんか？

　自分の部分1.〜4.に書いたことと子どもたちの部分5.〜8.に書いた
ことがズレていませんか？

　思いつかないところがあったり、自分と相手に行き違いがあったりする
と、そこに解決のヒントが隠れているはずです。

　たとえば、「子どもたちに自分の知っていることを教えたかったので、
みんなを集めようとした。きっと喜んでくれると考えていたが、子どもた
ちは自分たちの遊びに夢中で、集まらなかった。スタッフの言うことは後
で聞けばいいと思っていて、むしろ、遊びを邪魔されるのはうざいと感じ
ていた」というように整理していくと、自分と子どもたちの思いやタイミ
ングにズレがあったことがわかるでしょう。

　ズレがわかったら、あとは「何か他にやりようがあったかな」と考え
て、子どもたちに聞いてみたり、本書や資料で勉強したりして、次の行動
をちょっと変えてみるといいですね。　　　　　　　（関戸 博樹・武田 信子）

スタッフ同士のかかわり

私の子ども観を変えた、あのできごと

武田 信子

　20代の頃、私は心理臨床家としてのトレーニングを受け、教育相談室などで1週間に1回1時間のプレイセラピーを子どもたちに行っていました。子どもたちは改善していきましたので、プレイセラピーに効果があることは確かでした。

　30代になって、二人目の子どもが生まれ、育休を取っていた私は、ある保育園を見学に行きました。そこでは、広い敷地で伸び伸びと子どもたちが遊び、生活しており、そこに来ているさまざまな障がいや課題を抱えた子どもたちが、どんどん良い方向に変化していました。その後、その保育園に自分の二人の子どもを預けることにしたのですが、そこでは……

- 視線の合わなかった子どもは集中的なケアを受けて1週間で視線が合うようになりました。
- 学校に行けずに入院していた高校生が保育士見習いをしながら元気になりました。
- 18歳になっていた重複障がいの子どもにことばが出ました。
- 脳性麻痺の子どもが投薬なしで回復したことさえありました。

　もちろん心理相談や心理治療、内科的治療は大切で、効果があります。でも、もし子どもたちが、早期から子どもの成長発達に必要な環境が整えられた生活の場をもっていたら、子どもたちの抱えるさまざまな問題は予防され、すでに発生してしまった問題も場合によっては改善するでしょう。

　その時から、私は、相談室を出て、社会全体が子どもの養育にふさわしい環境になるように、そういう活動ができる人材育成に力を注ぐようになりました。

私を変えた「困った子」

幾島 博子

　その子は、ひたすらプラレールの電車を分解したかった。
　その子は、ごみ置き場にある壊れた電化製品を修理したかった。
　その子は、段ボールで基地を作りたかった。
　その子は、ビオトープのある小さなエリアでいつでも遊びたかった。
　その子は、放課後事業の部屋で生き物を飼いたかった。
　その子は、授業中でも放課後事業の部屋で自分のやりたいことをしたかった。
　その子のやりたいこれらのことは、彼が来るまですべてできないことだった。
　学校内の放課後事業の場よりも自由裁量の幅のある児童館や学童保育で30年ほど職員をしていた私は、この子が小学1年生になった時に、学校内の放課後事業の職員になった。それまでできなかったこれらのことを、私は最初からできないと思っていたし、やれるようにすることをあきらめていた。
　しかし、毎日そこにいなければならない彼は、その枠組みの中ではどうしても心穏やかには過ごせなかった。
　私は少しずつ工夫をして、学校や担任、現場のスタッフとも折り合いをつけていった。そうすると、ほぼすべての彼の願いは実現できた。
　そして、彼だけでなく多くの子が、電車の分解、電化製品の修理（直らなくても）、基地づくり、ビオトープエリアでの遊び、生き物の世話に夢中になり、すべての子にとってとても楽しい場になっていった。
　児童館から異動してきて、絶望していた私を自己規制から放ってくれたのはその子。
　その後私は、「目の前の一人の子を大切にしなければ、すべての子を大切にするなどということはできないのです」と繰り返し語るようになった。

Question 41

外で遊ぶ庭もなく、
室内で遊ぶ場所も限られています。

Answer

　子どもの遊びにかかわる場所の中には、「場所が物理的に狭い」「他と場所が共用」「禁止事項が多い」「住宅との距離が近すぎる」「大声が出せない」など、かなりの制約を抱えて活動・運営している人たちもいるでしょう。中には、子どもが思い切り遊ぶ場所として物理的に向いていないところもあるかもしれません。そうした場所での日々の実践は、悪戦苦闘の連続だと思います。

　どんな場所でも、何らかの制約はつきものですが、私たちが目指すのは、その制約の中でその場所なりの魅力を最大化することです。もし施設自体の魅力が限られているのであれば、外に目を向けてみましょう。よくよく考えると、子どもたちは本当にさまざまなものや場所で遊ぶことができるものです。

　みなさんの施設や活動の周囲には、どんな職業の人がいたり、お店や工場があったりしますか？　農業や林業、漁業の人もいるかもしれません。そうした人たちから、子どもたちが遊ぶのに使えるもので、無償で提供してもらえるものはないでしょうか？　都市部であっても、ダンボール（商店）やゴザ（畳屋さん）、ろうそく（葬祭場）、材木（工務店）など、無料で入手できそうな素材はたくさんあります。美容室からもらった古いヘアカタログやファッション雑誌などは、女の子たちに大人気でした。

子どもにかかわる大人の視野が狭いと、施設の可能性が広がらないのはもちろん、結果的には子どもの世界を広げることも難しくなってしまいます。つねに視野を広げようとすることで、意外な人とのつながりから、意外な展開が生まれることもあるでしょう。

　園庭のない保育園が自治体の認証を受けるには、代用園庭（日常的に利用する近隣の公園）を持つことが義務づけられています。障がいのある子どもたちのデイサービスでは、近隣の冒険遊び場と連携をとって、日常的に遊びに出かける事例もあります。公的な施設の場合には、お出かけのための申請が大変な施設もあるでしょう。けれども、施設の事情を行政担当者に伝えつつ、「〇〇ｍまでの公園へのお出かけの申請は簡素化する」などの交渉をすることも考えられるでしょう。　　　　　　　　　　　（嶋村 仁志）

Question **42**

危険をともなう遊びをどう制限したらいいですか。

Answer

　子どもは、歩くことを始め、やったことがないことだらけです。いつでも初めてのことに出会い、興味をもち、挑戦し、自分の世界を広げていこうとします。それを、「危ない」と言って制限することが安全を守ることだと思っている大人は限りなくいます。しかし、子どもの挑戦を阻止すること、それは「自分の世界を広げたい、育ちたい」という、その子の生きる意欲そのものを抑止することに繋がる可能性が高いことをまず知らなくてはなりません。

　子どもは、自分の限界より少しだけ上のことに挑戦します。そこから得られることは、実に貴重なことだらけです。常に自分の限界に挑戦している子は、その限界がどこにあるかを知っています。そうすると、限界を大きく上回ること、つまり大きな危険には近づかなくなります。「危険察知能力」が、大きく発達するのです。また、限界に挑戦し続け動かしている身体は、いざというときにその状況に対応できる身体をつくります。「自己防衛能力」が、発達するのです。これらの能力は、大人が言葉や教科書で教えられるものでは決してありません。その子が、多少の痛い思いもしながら身につけていくものなのです。「挑戦することによるメリット」も意識しながら、次に紹介する「リスクとメリットを考える天秤ワーク」をぜひ試してみてください。

（天野　秀昭）

> **WORK**　リスクとメリットを考える天秤ワーク

準備するもの：棒にかごをつけた天秤
　　　　　　　玉（カラーボールなど）、付箋

① テーマを決める。（例：たき火をする、包丁を使うなど）
② 「その挑戦から得られるメリット」を出しながら、一つのメリットにつき玉を一つ、メリットのかごに入れていく。何のメリットかわかるように、付箋に書いて貼っておく。
③ 同じように、「その挑戦で考えられるリスク」を出しながら、一つのリスクにつき付箋のついた玉を一つ、リスクのかごに入れていく。
④ リスクについて、一つひとつ、避けるための工夫や、違う視点はないかを考える。工夫や視点がでたら、その玉をリスクのかごからとりのぞく。
⑤ リスクのかごが空になれば、実行に移せることがはっきりする。玉が残ってしまい、解決法がどうしても出せない場合は、それは「今の段階では、実力的に無理」という判断もあり得ると考える。

◆メリットの玉が、工夫や違う視点を考える原動力となります。

Question 43

スタッフが少なすぎて、子どもを
みきれません。

Answer

　全国各地において、とくに都市部の大規模な放課後児童クラブでは、多
くのスタッフがつねに感じている問題かと思います。低予算かつ少ないス
タッフで多くの人数を受け入れている場合、職務に追われ、子どもたちを
効率よく一斉に動かすことで何とか日々を乗り切っている人も多いでしょ
う。

　子どもが入り乱れる室内では、子ども同士のトラブルも起こりがちにな
ります。学校など他の施設と共用の場合、とにかく事故が起きないように
と、制約がさらに増えていくという悪循環に陥りやすくなります。

　このような状態の環境は、貴重な子ども時代の一時期を過ごす場所とし
て、決して質が高いとはいえませんが、そんな中でも子どもたちへの細か
な対応を作り出そうとするスタッフもいます。たとえば、スタッフが「土
曜日や、子どもの数が少なくなる5時過ぎには、じっくりとつきあって
あげよう」と決めていることもあります。

　また、大切なのは、すべての子の相手をするよりも、子ども同士で遊び
こめる環境をつくることです。必要があれば、ボランティアや学生、近隣
の人など外部の人の活用も考えたいですね。施設がいろんな人の手で支え
られるようになることで、さまざまなトラブルにも対処しやすくなりま
す。

それと同時に、スタッフ同士のコミュニケーションを大切にしたいですね。一日の終わりにその日の共有ができることで、気持ちや動きのすれちがいや、疑心暗鬼な思いが起きにくくなります。

ただ、こうした日々の小さい努力だけでは、問題の根本的な解決には至りません。個人の力を超えた長期計画の動きが必要です。なかには、行政の担当課職員や自治体議員さんなどと相談しながら、放課後児童クラブを小規模に分割してもらったり、職員の増員を検討してもらったりしている場所もあります。次年度の予算要求は夏ごろには決まるため、その前に話を進めるなどの作戦も必要でしょう。

ただ、現状を変えるのはなかなか難しく、あきらめかけている人もいるかもしれません。重大な事故や問題が起きることは、誰にとっても避けたいものです。そうした危機意識を各関係者と共有するためにも、日ごろから現状をわかりやすく周囲の人へ伝えられるようにしておきましょう。

（嶋村 仁志）

環境づくり

Question 44

スタッフが多すぎて、
大人の目が行き届きすぎてしまいます。

Answer

　子どもの遊びを支える立場にある大人として、とても大切なことに気づきましたね。多くの子どもたちは、大人の目をふだんからかなり意識しています。彼らは、今の大人の子ども時代よりも「こんなことして、大丈夫かな？」「怒られたりしないかな？」と敏感になっているのではないでしょうか。みなさんも、どんなことにも「○○してもいい？」と聞いてくる子どもが増えていることに気づいているかもしれません。

　遊びには、子どもだけの関係の中で育まれていくものがあります。昔話「鶴の恩返し」のように、見られていなかったからこそ、できたことや感じられたことが、遊びの中にもあるものです。大人が見ていたり、入っていたりすることでできなくなってしまう遊びがあるのは、みなさんもご存じでしょう。秘密基地づくりといった遊びだけでなく、危険への挑戦や、ちょっとしたイタズラ、虫で遊んでいる時など、大人が敏感に反応しがちなことがいくつかあります。子どもたちも、大人が何をダメと言いがちなのかは、十分に知っています。ふだんの中でも、ちょっとしたイタズラをしようとした子どもと、一瞬目が合ってしまう経験をしている人もいることでしょう。そうした場合、大人の役割としては「見て見ぬふり」をしてしまうのが難しいこともあるでしょう。

　ただ、子どもから気づかれていない状態で、場所への損害や子どもに重

大な危害が加わらなさそうだと判断した時には、「気づかないふりをすること」も一つの選択肢です。こうした遊びは、子ども時代にしか経験できない、「いのち」に触れる大切な機会でもあります。子どもたちの「プライバシー」という感覚も、こうした「大人には秘密の体験」から育まれていきます。大切なのは、そうした体験の芽を事前に摘んでしまうことではなく、事後に子どもたちの実感や気持ちに寄り添うことですね。

　他にも、子どもだけの遊びが生まれやすくなるような「隠れられる空間」づくりや、布や大きな箱などの素材の用意などもできるかもしれません。いつも何か整然と完成されたプログラムやパッケージを大人は提供しなければならないと、焦る必要はありません。子どもが自分自身で遊びの世界を生み出せるきっかけとなるような環境設定をしてみてください。秘密基地は、秘密と言いながら、大人から見るとあまり秘密の場所には作られないものです。

（嶋村 仁志）

環境づくり

Question 45

どうしたら子どもがルールを
守るようになるのでしょうか。

Answer

　「なんで何度言ってもわからないの」。ルールを守れない子どもについ声
を荒げてしまうことがあるかもしれません。一歩下がって考えてみてくだ
さい。ルールを守ることで何を守ろうとしているのか。子どもの安全で
しょうか。居心地のいい環境でしょうか。子ども同士のトラブルを避ける
ためでしょうか。

　この本当に守りたいもののために、今のルールは目の前の子どもたちに
適切でしょうか。大人が自分たちの都合で作ったルールではないでしょう
か。多くの子どもが守れなかったり、どうしても守れない子どもがいた場
合、そのルールは適切ではありません。新しいアプローチの方法を考えた
ほうがいいでしょう。

　ルールをたくさん作らなければならなくなっている職場環境になっては
いないですか。子どもたちにとっても目の前のルールが多すぎると、本当
に守りたいものが見えなくなってしまいます。そして「ルールさえ守って
いればいい」と自分では判断しない子を育ててしまうことにもなりかねま
せん。

　ルールは最小限に。本当に守りたいものを子どもたちの前に提示し、子
どもたちといっしょに考えるという作業を毎年ていねいに行うことができ
れば、集団の質もアップすると思います。

ところで私が最近気になっているのは、ルールを気にしすぎる子どもです。「○○していいですか？」「○○使ってもいいですか？」とその都度許可を求めてくる子どもです。「いい子」であればあるほど、「その遊び場のルールは何か」と気になるようです。本来遊びは自由なもの。子どもは遊び場の主体者（主役）です。しかし、常にルールが気になる利用者として育ってきてしまったからだと思います。

　もう一度、私たちは子どもの遊び場として、目の前の子どもたちの居場所を見直してみる必要があると思います。

（宮里 和則）

Question46

地面にところかまわず穴を掘りたがるので、
困っています。

Answer

　子どもがしたいことはできる限りさせてあげたいもの。でも、これは止めないとまずい、という場面はありますね。さて、ところかまわず掘りたがる、というのは、止める必要があることでしょうか。どんなところを掘りたがるのでしょうか。

　子どもたちがここでは何をしていい、悪いというあなたの基準はどこにありますか。もし、穴を掘ってもそれをしっかり埋めることができるのであれば、掘ってもいいのかもしれません。掘ったまま放置してどこかに行ってしまい、その穴が他の子どもたちにとって危険な状態になるとか、遊べない状態になるとか、土地の持ち主が困るとか、見た目が汚くなるとか、そういうことが起きるのならば、それに対して子どもたちにどうしたらいいか考えるように促し、工夫するように言いましょう。いけないことなら、なぜいけないかをいっしょに考えて、掘った子どもたちが自分たちでその状況を乗り切ることができるように見守りましょう。

　一方で、もし、大人目線で、「掘ってはいけない」となんとなく思っているのだとしたら、振り返るべきは自分です。あなたの仕事は、子どもたちの自由な遊びを保障して、子どもたちの健やかな成長を促進する仕事ですから、子どもたちの遊びを阻害するような「禁止」をしてしまう自分に気がつき、見直していきましょう。

実際のところ、ある公立公園では、10年前は「掘る」行為は禁止でしたが、親たちが粘り強く行政と交渉して、終了時に原状復帰するという条件付きで掘る許可を得ました。その後、行政の信頼を得たその団体は、近くの公園運営の民間委託を受け、どこでも掘っていい公園を作りました。公園の中はでこぼこ穴だらけで、子どもたちは泥んこになって遊びまわっています。そういう場では、子どもたち自身が何をするとまずいか判断できるように育っていくのですよね。このようなことは実は、公園ばかりではなく、学校の校庭でも管理職に相談して一画を提供してもらった例もあります。方略を工夫して、まずは関係者に声をかけてみましょう。

　さて、個人がやりたいことと社会のルールは、ぶつかることがあります。ルールはみんなを守るためのものですが、一般的なものですから、時に必要以上に厳しかったり、場面に合わなかったりもします。とくに現代社会のルールは、子どもたちの発達にとって過酷なことも少なくありません。子どもと大人の社会との間に立つ専門職として、子どもたちの発達に必要なことは何かを考えて、個人と社会の、子どもと大人の、バランスの良い関係を模索していきましょう。　　　　　　　　　　　　　　（武田 信子）

環境づくり

Question 47

危険を判断する基準がわかりません。

Answer

　危険についての判断は、子どもにかかわる仕事をしているかぎり、最も気になるテーマの一つです。子どものケガや事故は、どんなに気をつけて見ていても、そのすき間に起きるものです。そのため、どんな時にも、「絶対に大丈夫」と言い切れることはありません。

　その一方で、子どもは危険に少しずつ触れることで、自分の身を守る感性や方法を身体ごと学び、挑戦や達成感に心躍らせ、痛みへの感受性を育んでいきます。私たちは、そうした子どもの育ちの最前線での場づくりという役割を担っています。子どもの成長の過程では「ケガは起きる」ということを前提にしつつ、大きなケガを防ぐのが、私たちの仕事になります。そして、このことを保護者や市民にも伝え、理解者を増やしていくのが仕事です。

　私たちが「子どもたちのいのちを預かっている」と話すとき、それは「身体」といういのちだけでなく、イキイキと生きたいという「こころ」といういのちも同時に預かっている責任があるということです。

　危険管理については、スタッフ間でもかなり実力の差は出てきます。その違いは個人の感覚や体験が大きく影響するのですが、その前にいくつかのポイントを押さえておきましょう。

　危険は、「リスク」と「ハザード」という考え方で整理することができ

ます。「リスク」は、自分から挑戦する危険のこと。これは、子どもの成長には欠かせないといわれる危険です。一方の「ハザード」は、目に見えない危険で、それ自体が目的にはなっていない危険です。強風で鉄扉が閉まったり、腐食した柱が折れたり、突起物が突き出ていたりするなど、子どもにとっては想定外の危険なため、突発的な事故が起きる可能性があります。私たちの役割では、いかに重大な「ハザード」を取り除きつつ、育ちにつながる「リスク」を残せるようにするかが大切になります。

　また、「子どもがやることは、一通りスタッフもやってみる」を実践してはどうでしょうか。そうすることで、子どもの動きが想定できるだけでなく、そこからの風景なども見えてきます。

　基本は、「危ない」と思ったら止めるのが前提です。止めないということは、危なくないと思っているのといっしょになってしまいます。それでも、単純に「止める」という方法を採るのではなく、「もっとよい方法があるのでは？」ということを考え続けるのは、私たちの心意気の部分ですね。

　止めるのは、誰でもできます。そこを「遊びの力」で解決する知恵と工夫をしていくのが、子どもの遊びにかかわる人のベテランの道への第一歩です。

(嶋村 仁志)

環境づくり

Question 48

事務室に入ってくる子がいて困っています。

Answer

　みなさんの施設でも、事務室などのスタッフのためのスペースに入ってきたがる子どもがいませんか。その子どもを受け入れるのか、あくまでルールで入れないとするのかで意見が分かれることがあるのではないでしょうか。

　私にはこんな経験があります。ある放課後事業の場で、事務所の一番奥にある私の席とそのそばのソファーに来る子が多く、事務室内を子どもが横断するので困ることがありました。そこで、私の席とソファーを事務所の入口に一番近い場所に移し、ソファーを子どもに開放しました。そうすると、ソファーでマンガを読む子、宿題をする子、私とおしゃべりをしにくる子、そこで数人で遊びはじめる子と、この場を求める子が後を絶ちませんでした。私もその場で子どもと折り紙をしたり、子どもが大勢いる場では将棋を指す勇気がない子と将棋をしたり、何気ないおしゃべりをしたりしました。来客時や、体調の悪い子が休んでいる時、大事な事務作業、打ち合わせをしている時等を除いてそのようにしていたので、何も不都合はありませんでした。

　プレイルームなどの子どもが大勢で遊んで過ごすための場所ではなく、事務室のソファーのような場がよいと思う子が常にいたのです。家庭でも子ども部屋ではなく、台所の隣で宿題をしたがるのと同じで、子どもに

112

とって必要な場だったのでしょう。遊んでいるうちに、いやなことがあったことを話す子もいました。

　とは言っても、情報管理等の問題もあり、安易に事務所に子どもが入ってくることを認められないということもあるでしょう。そのような場合にはどのような工夫ができるでしょうか？　事務所の中にパーテーションを置くことで、問題を防ぐこともできます。事務室の外であっても、子どもが群れて遊ぶような場とは一味違ったコーナーや逃げ場になるような場を作ったり、エントランスのしつらえ方などを工夫してみたりすることもできます。大勢の子が遊んでいる場所ではないところが必要な子がいる、ということを知り、そのような子どもが過ごしやすい場を作ってみてください。事務室の中であろうが外であろうが、スタッフが子どもの話したいことを聴き、一人ひとりの子どもの気持ちに寄り添うことを大切にできればよいと思います。

（幾島 博子）

環境づくり

Question 49

近所の人から怒鳴られました。
対処法はあるのでしょうか。

Answer

　ご近所づきあいは、本当に難しいものですよね。現場にはこの問題はつきもので、スタッフはそれを恐れるあまり、過剰な自主規制に走ることも珍しいことではありません。

　近隣との関係から「それはしてはいけない」と、子どもの動きを制限することは最も簡単なやり方です。大人と子どもという力関係がはっきりしているからです。子どもは、従わざるをえません。したがって、その方法は近隣との摩擦を避けるうえで時間的にも素早い方法ともいえます。けれど、子どもの動きを制限するのであれば、その理由をしっかり話し、怒鳴る人の気持ちも併せて考えるようにしてください。スタッフが一方的に禁じるのではなく、子ども自身が考え、自制できるように工夫することが大切です。

　怒鳴る人の背景に何があるのかはわかりませんが、単純に迷惑だと相手が感じているのだとすると、打てる手はあるかもしれません。なぜなら、迷惑の感じ方は「関係性」によって変わるからです。たとえば、近くの園児の歓声に「うるさい！」と苦情を言い続けている人でも、わが孫の歓声なら大丈夫なものです。ということは、何らかの形でその人と子どもとの関係が作られれば解決の可能性は生まれてきます。

　手立てはいくつも考えられますが、まず、イベントに招待することは必

須でしょう。この場合、来てくださるかどうかは大した問題ではありません。「いつも気にかけています」というアピールが大切なのです。また、たとえば菜園をつくり、そこで採れた野菜をおすそ分けする等は効果的かもしれません。それをきっかけに、それを材料に鍋パーティーを開いたりいっしょに菜園づくりができたりしたらもっと距離は縮むでしょう。あるいは、その人が昔から住んでいる人なら、その地域の歴史を学ぼうと尋ねてもいいかもしれないし、昔はどんな遊びをしていたか、どんな環境だったのかなどの取材をしてもいいと思います。そうしたことを通じて、お互い名前で呼び合うことができるところまで行ったらしめたものです。

　一方的に引き下がるということは、子どもに引かせるということに繋がっている、そういう意識だけは持ち続け、決して関係を断とうとするのではなく、こちらから少しでも関係を詰めていく努力をすること。それも、「楽しさ」をスパイスにすることが欠かせません。プレイワークは、ここでも力を発揮するのです。

（天野 秀昭）

Question 50

学校とのコミュニケーションがありませんが、それでいいのか悩みます。

Answer

　一人ひとりの子どもにていねいに寄り添っていくと、その子の担任やスクールカウンセラー、学校の管理職の方と情報共有をしたり、連携することが必要になることも少なくないでしょう。

・クラスでの友だち関係がうまくいっていないことなどが放課後の生活まで続いている。

・家庭に気になることがあるが、情報が不足している。

・何らかの理由で辛い状況にあることを、担任やカウンセラーに知っておいてもらいたい。

　このような問題や課題が浮上した時に、コミュニケーションを取る必要をより強く感じるわけですが、何も問題がない時からコミュニケーションを取ることを心がけることが何よりも大切です。学校での様子を知ろうとし、放課後の様子を知ってもらうように努めます。何気ないエピソード、子どもの成長や個性が輝いた場面の話を互いにし合えるような関係を作っていきます。問題が起きた時にいきなりコミュニケーションを取ろうとしても、互いに責任をなすりつけ合ったり、批判し合ったりする危険性もあることは十分に知っておかなければなりません。こちら側からの都合ではなく、学校にとってもコミュニケーションが取れてよかったと思える関係づくりが大切です。

さらに、管理職の方に、放課後の生活までを理解してもらうことはとても重要ですので、子どもにとっての大切な時間を任されているという自負をもって積極的にコミュニケーションを取るようにしましょう。年度の変わり目や大きな行事の時など、折に触れて挨拶に行くことを心がけてください。遊ぶ場での通信などを持って行ったり、イベントの招待状を子どもといっしょに届けるのもよいでしょう。

子どもは、家庭や学校の教室とは違った顔を放課後の場で見せることがよくありますが、どうしてそうなっているのかを子どもの立場に立って理解し、十分配慮してください。そして、子どもが家庭でも学校でもそして放課後も、その子らしくいられるように、何よりも子どもの最善の利益になるためにはどのような情報交換が必要なのかを判断してください。

（幾島 博子）

周りの大人の大切さ

瀬川 未佳

　絵本編集の仕事を経て、「親子に直接かかわれる仕事がしたい」と大学院で学びなおして、臨床心理士となり勤めた相談室。そこには被虐待経験による生きづらさを抱えた方が多く来談されていました。

　一人ひとりの方に寄り添わせていただく中で、「味わわざるをえなかったつらい経験をくぐり抜けてきて、今、生きづらさをどうにかしようと来談している。このこと自体が、この人に力がある証拠だ」と確信するようになりました。そしてそのことを伝えながら「この力は、どこから来るのだろう？」と質問してともに考えるようになりました。

　タイミングを間違えば一蹴される質問です。でも、時をみながら聴いていくと、過酷な状況の中での、あたたかなかかわりの記憶が出てくることが多くありました。そっとサポートしてくれた近所のおばさん。長所を伝え続けてくれた叔母。いつもの遊び場で、あたたかいココアを飲みながらスタッフと話せたうれしさ。継続的に、肯定的に、自分を見守り続けてくれた人を語るとき、それまでの相談では出てこなかったやわらかな表情、無邪気な表情が、すぅーっと出てくるのです。この神聖ともいえる瞬間は、「周りの大人の大切さ」について、私に訴えかけてくるようでした。また、これらの記憶は、語られることによりさらにその人の力になっていくことも見てきました。

　いつしか自分も母親になり、現代の子育ての大変さを身をもって体験しました。自分にも子どもにもつながりが必要だ、どの子にも思い切り遊べる場が必要だ、そしてそこに集う大人が、難しい状況で頑張る子どもにとっての「周りの大人」になれるかもしれない。そんな思いで、いま地元の遊び場づくり・まちづくりにかかわっています。

「現代の課題」
×
「子どもの過ごす場」

「子どもの過ごす場」には、さまざまな社会の課題があらわれます。私たち大人が、どのように対応したらよいか考えてみましょう。

「現代の課題」×「子どもの過ごす場」その 1

いじめ に対して、子どもの過ごす場でできること

　いじめは、なぜ起きるのでしょうか。それが「いけない」ことだということは、すべての子どもが知っています。それでもなくなることなく、隠れて行われるのは、それが「楽しい」からでしょう。

　通常、人は人を傷つけることを「怖い」と感じます。社会的動物であるが故です。それが、「傷つけることが楽しい」と感じるようになってしまうのは、おそらく「自分がそうされてきた」から、と考えるのが一番妥当だと思います。

　「自分がそうされてきた」内容は、きっとさまざまです。「自分は言われたことや規律を一生懸命守ってきたのに、あいつは守らない」「自分は我慢してきたのだから、あいつにも我慢をさせる必要がある」「自分も、いつも殴られてきた」等々。いじめる側が自覚していることは少ないでしょうが、大きく傷つけられてきたことは間違いないところです。そんないじめを発見した場合、大人としては何ができるでしょうか。

　いじめる側に対しては、個別対応を行います。いじめたいという気持ちが起きていることをまずは受けとめ、それがどこから来ているのかをじっくりと聴く体制をとってください。これは一回では終わりません。何度も聴くことで、傷つけることがなぜ楽しいと感じるのか本人の気持ちが少しずつ整理されていくでしょう。

　いじめられている側の子に対しても個別対応で聴く姿勢が不可欠ですが、その子の自尊心は大きく傷ついています。遊びを通して関係をつくり、子どもから話し出してくれるのを待ちましょう。時には、遊ぶだけで乗り越えられることも多いものです。それと同時に重要なのが、集団対応です。具体的には、右ページの事例を参考にしてください。

120

忘れてはならないことは、いじめを発見した場合、「守らなければならないのはいじめられている子だが、救わなくてはならないのはいじめている側の子」だということです。いじめている側の子が救われたと感じることができたら、おそらくいじめて相手を傷つけることが怖くなります。傷つけることは怖い、そう感じるようになればいじめは止まります。

　いずれにしても、日ごろから信頼関係を築いていなければ、こうした事態への対応は難しいものです。そのためには、遊びを通して築く関係が重要になります。

(天野 秀昭)

●いじめに対して、遊びを通してできること

　子どもにとって大人の存在は、大変大きいものです。いじめられていた子とは、積極的にかかわり、遊んでください。そこに、他の子たちを呼び込むことで、いじめられている子の場を確保しやすくなります。

いじめられている子と、遊び始めてみる

121

「現代の課題」✕「子どもの過ごす場」 その❷

子どもの貧困 に対して、子どもの過ごす場でできること

　子どもの経済的貧困がクローズアップされています。みなさんの働く遊び場でも感じる兆候は多々あるのではないでしょうか。なかでも食事に関することはわかりやすい事例です。児童館や冒険遊び場などで、昼食を食べに帰らず、弁当も持参せず、遊び続けることが常態化している子どもがいた場合、家庭が子どもの昼食を保障する余裕のない経済状況である可能性があります。他にも、衣服が毎日同じであったり、季節に合わない服装をよくしているという場合も同様です。また、これらは経済的な原因ではなくネグレクトである可能性もあります。

　いずれの子どもも、すでに民生委員や保健師などが要支援家庭として見守りをしている場合もありますが、遊びの場であなたが感じた「おや？」という感覚を、職員の間だけに留めずに、専門機関とつなげることは大切ですし、子ども食堂や学習支援などを行っている団体と連携することも考えられます。重要なのは、困ったことがあっても話せない、支える人がいない等の「関係の貧困」や、料理や食材調達の仕方がわからない等の「経験の貧困」といった問題があることを意識し、子どもを支える環境をつくることです。

　右ページで紹介する取り組み事例は「食」などを中心にした展開ではありますが、真の目的は「子どもを支える人間関係づくり」にあります。スタッフや保護者、地域の大人などがゆるやかにかかわりながら、子どもは火燻しや料理など経験を重ね、作る過程や食事の際に交わされる何気ない会話に安心を感じます。普段から子どもが遊ぶ場であるからこそ、遊びという日常の中に支援の意味合いを解けこませることができるのです。　（関戸 博樹）

「現代の課題」×「子どもの過ごす場」　その2

●子どもの貧困に対する取り組み事例

【1】ある児童館では……

　年に数回、屋外で遊ぶイベントの際にたき火で昼食づくりをしています。
　事前に告知して集めた食材をみんなで調理しますが、知らずに手ぶらで来た子や調理に参加しなかった子も、食べられます。
　この日はお昼になると、みんな屋外に出てきて温かいご飯を食べるという光景が広がります。

【2】ある冒険遊び場では……

　遊びに来る人や地域の人から余り気味の食材の寄付を募り、「自由に料理に使える食材」として置くという試みをしています。
　遊びに来た子どもたちは、その日にある食材を自由に手に取り、思い思いに料理を作ることを遊びとして行っています。

【3】ある地域では……

　子どもの生活全般にわたる支えが必要なことから、「こども食堂で食事」「無料学習支援で学び」「遊び場で遊び」といったように子どもの生活圏内の中で多様なサポートが行われています。

「現代の課題」×「子どもの過ごす場」その③

ケガへの不安 に対して、子どもの過ごす場でできること

　子どもは好奇心旺盛で、そのため遊びには危険がつきものです。みなさん自身も子ども時代に一つや二つ危なっかしい遊びをしたことがあることでしょう。なぜ子どもは危ないことをわざわざするのでしょうか。それは「楽しい」からです。

　ヒトは未熟に生まれてきますが、成長の過程で遊ぶことを通じてさまざまな経験をしていくことで、感覚や能力、心や身体を成熟させていき、子どもから大人になっていきます。この発達するための挑戦を「楽しい」と感じるように本能がプログラミングされており、楽しく遊びながら大人になっていくのです。もちろん、子どもにとって大ケガは避けたいものですが、遊びを制限しすぎることも心身の発達の観点からふさわしくありません。しかし、現在の子どもの遊び環境を見渡すと、危険を遠ざけることのみを考えてしまい、子どもの育ちが阻害される状況が広がっています。

　公園に行けば、禁止看板が乱立しており、なかには「ふざけてあそぶのはやめましょう」というものまでありました。また、学童クラブなど預かりの場ならではの難しさもあると聞きます。たとえば子どもをケガから守ろうとするスタッフの気持ちが行き過ぎて、状況に応じては見守れる可能性がありそうなことも、禁止になっているなどという話です。これには親からの要望も強く影響している場合があります。遊びの中で起こるすべての事故をゼロにすることはできませんが、前述した状況を少しでも改善し、子どもたちが大ケガを避けながら遊び育つために、私たち子どもにかかわる大人は何ができるでしょう。

　一つのモデルとなる指針として「リスクとハザード」の考え方がありま

124

す(Q47参照)。次に紹介する実践は子どもが遊びを通してリスクを体験し、危険回避の力が身につくような取り組みです。大人のリスク管理にも遊びの視点を入れたものとなっています。

（関戸 博樹）

●子どもが大けがを避けながら遊び育つための取り組み事例

【1】ある児童館では……

月に1回、工具を使える日を設けています。スタッフは工具の使い方などで危ない時には声をかけますが、基本的には自由に活動しています。子どもたちの表情は真剣そのものです。時に小さなケガもありますが、危ない物を扱っているという自覚が大ケガを回避しており、危なさを手にしながらコントロールする方法を身につけています。

【2】ある冒険遊び場では……

敷地内の舗装路でペダルなし自転車などで遊ぶ幼児たちと、散歩やランニングをする方との衝突回避が課題でした。幼児には周りの状況を見ながらスピードを制御する力がないため大人がフォローするべきということになり、「舗装路に信号や踏切、一時停止など楽しく止まれる仕掛けを配置する」という遊びで解決するアイデアを実行しました。

「現代の課題」✕「子どもの過ごす場」その④
スタッフが流動的なことに対して、スタッフ同士でできること

　スタッフが次から次に代わってしまう原因は何でしょうか。スタッフの人間関係、忙しさ、仕事の意義のわかりづらさなども背景にあるかもしれません。いずれにしても、子どもにとって望ましい状態ではなく、スタッフもやりにくさを感じていることでしょう。

　私たち子どもの生活と遊びにかかわる現場は、本来、やりがいのある素晴らしい場所です。しかし忙しさに追われたり、一人ひとりの子どもへの思いが異なり、ギクシャクしてしまいがちな場でもあります。

　そうならないためには、やはり時間が必要です。忙しい日々ですが、素敵な職場を作るために工夫して時間を取りましょう。そしてこんなワークを行ってみてはどうでしょうか（Q42のワークもお薦めです）。　　　　（宮里 和則）

●スタッフ同士の理解を深めて仲間になるためのワーク

【1】ぐるぐる30秒自己紹介
① 最初の人が自己紹介をする（話し手の右隣がタイムキーパー。30秒で合図を出す）。
② 話し終わったら、その人がタイムキーパーになり、左隣の人が自己紹介をする。これを何周も続ける。頃合いをみて、リーダーが終了の合図をする。

◆自己紹介のテーマは自由ですが、30秒しゃべり続けなくてはなりません。何周も回るからこそ、その人の知らなかった所や、大切にしていること、悩みなどが出てきて、お互いを知ることができます。

「現代の課題」×「子どもの過ごす場」　その4

【2】過去への旅

準備するもの：記入用紙
感情のキーワードを書いた紙やホワイトボード

感情のキーワード
ニコニコ　ワクワク　ビクビク
ルンルン　ドキドキ　オロオロ
ムカムカ　ガーン　イライラ
ガックリ　プンプン　シクシク

① それぞれが「感情のキーワード」を選ぶ。

② 進行役が流れを説明する。「これからイメージを使ったワークをします。自分の前に、記憶の海が広がっていて、その海に潜ることで、過去へと旅することができるというものです。先ほど選んだ『感情のキーワード』を網にして記憶の海の中からエピソードをすくい取ってきてもらいます。」

③ 進行役が「それでは目をつぶり過去を旅しましょう。まず今朝のことを、思い出してみましょう。写真を撮るような感じで。……この職場に初めて来た日のこと、……そして高校時代、……中学時代、……小学校時代とゆっくり思い出していってください。小学校時代はとくにていねいに思い出しましょう。遊び場や友だち、近くのお店、近所のおじさんおばさん、ペットなど、できるだけたくさん思い出してください。さあ、その中に感情のキーワードの網ですくい取れそうなエピソードはありますか。探してみてください」と誘導する。1分くらいたったら「一つだけすくい取ったら、ゆっくり目を開けて、エピソードを紙に書きましょう」と促す。

④ エピソードを発表しあう。

◆子ども時代の大切なエピソードを聴いてもらうことで、仲間意識が強まります。さらに、子どもたちがどんなところで心を動かすのかもわかりやすくなります。

「現代の課題」 × 「子どもの過ごす場」 その **5**

遊びの価値の軽視 に対して、大人たちができること

　子どもが豊かに成長するうえで欠かせないこと、それは、自分の世界をたくさんの喜びの経験で築き上げていくことです。子どもはこの世に生を受けたとき、まだ何の経験ももっていません。ゼロから始まる経験が、楽しいこと、うれしいことで彩られれば彩られるほど、その子の命は輝きます。それが、子どもが「遊ぶ」理由です。

　けれども、子どもの環境に目を向ければ、それがいかに難しくなっているかがわかります。昔から遊べば子どもは「あぶない、きたない、うるさい」（頭文字をとると AKU）ものですが、それがすべて躾の対象として制止されてしまいます。多くの大人は、これらを「悪」だと思っているのです。

　また、子どもの時間の使い方は、大人が決めることが多くなりました。学校はもとより、塾、稽古事、習い事、スポーツ少年団などに、かなり小さいときから所属して、自分が自由に時間の使い方を決めることができなくなっています。大人が決めた時間なので、その成果も大人が評価します。自分ひとりで、また友だちとともに、自在に遊びを堪能することがどんどん難しくなっています。

　誰かの価値に従い評価される自分ばかりを生きることは、自分の世界を築くことができないことを意味します。こうした状況の中、子どもは「自分が生きている」という実感をもちにくくなっているのです。

　幼稚園、保育園、認定こども園、学童クラブ、放課後児童クラブ、児童館、冒険遊び場など、「子どもが遊ぶ」世界にかかわる大人の役割とその重要性は、今後間違いなくクローズアップされていくでしょう。子どもが生き生きと遊び、喜びに満ちた経験を積むことができるために、親をはじ

「現代の課題」×「子どもの過ごす場」 その5

め、大人と子どもとの関係性そのものが根っこから変化を求められているのです。その認識をもちながら環境づくりを進めていきましょう。

(天野 秀昭)

子どもがいきいきと遊ぶことができる環境づくりの有効打 10 か条

1. 子どもが遊ぶことの意味と価値を、さまざまな機会を利用し積極的に伝える。ニュースレター(広報紙)やブログなどを使い、子ども同士の姿や現場での驚きのエピソードなどをたくさん紹介する。
2. 自分たちだけではできないことを計画して、周りに助けを求め、仲間を増やす。
3. 定期的に地域に開いた会を設け、まちのお偉いさんにも来てもらう。
4. このまちの、人的資源を調べてつながる。
5. 関連書籍などを読み、自己研鑽に励む。
6. 各地のさまざまな事例からどう課題をクリアしてきたかを学ぶ。
7. 講演会や研修会などを開催し、自分たちも含め、子どもの現状に対する問題意識を高める。
8. スタッフ間でしっかり議論できる体制をつくる。
9. とにかく、自分(たち)が楽しんで行う。
10. その楽しみをみんなで分かちあう。

あ と が き

　子どもは家庭と学校と地域で育つ、と言われますが、今、日本の子どもたちは一日 24 時間を誰とどう過ごしているでしょうか。

　家庭の中で、家族とどのような生活を営んでいるでしょう。兄弟姉妹や祖父母はいるでしょうか。じゃれついたり、ケンカしたり、何かを一緒に作り上げたり、叱られたり、からかわれたり、なぐさめられたり……。親密な関係の基礎と生活の基本を十分に家庭で作れているでしょうか。

　学校の中で、他の子どもたちと十分にコミュニケーションし合えているでしょうか。安全に失敗し、やり直し、他の子のやり方を見て修正し、子ども同士で競い、存在を認められ、可能性を夢見て、工夫して過ごしているでしょうか。学ぶことの喜びと未来への希望を学校で見出しているでしょうか。

　地域コミュニティの中で、多様な大人に成長を見守られながら育っているでしょうか。道草したいような誘惑のある通学路を帰っているでしょうか。社会のあり方を地域の大人たちから学んでいるでしょうか。

　かつて、子どもの世界には多くの多様な人々が存在していました。かかわっているというより、そこに存在している人たちが子どもの視界に入っていました。プロとして子どもにかかわってくれる人などほとんどいなかったけれど、家がどうであれ、学校がどうであれ、家と学校をつなぐ線の間をふらふらしていると、斜めの関係の大人やその知り合いの知り合いまでが、なんとなく子どもの情景の中にいました。

　でも、今は違います。

　だから、子どもたちの放課後を、これまで以上に豊かにしたいのです。

あとがき

起きている時間の大半を学校の敷地内で限られた人たちと過ごす子どもたちや、学校でも家でもつまらない思いや辛い思いをしている子どもたちの毎日に変化をもたらしたいのです。

　そのためには、ただ子どもと遊ぶ、ただ子どもを管理する、ちょっと子どもが好き、自分が遊ぶのが好き、教員免許や保育士免許を持っている、子どもを育てたことがある、というだけではない専門性、職人芸といってもおかしくない高度な専門性が必要なのだということが理解される必要があります。現在、子どもの放課後にかかわっている人たち、これからかかわる人たちに研修テキストと研修の機会が必要なのです。子どもに寄り添い、子どもの環境に一工夫できるプレイワーカーが、日本全国、子どものいるところにいるようにしたいのです……そして、この本ができました。

　2009年『育つ・つながる子育て支援』（チャイルド本社）の出版直後、イギリスの大学でプレイワークを学んできた嶋村仁志さんから「プレイワークでこんな本が作りたい」と言われたのを覚えています。日本にまだプレイワークという概念も言葉もほとんど入っていなかった頃です。以来、日本におけるプレイワークの普及をめざしてプレイワーク研究会を結成し、研究と実践を積み上げ、報告書を発行し、それをまとめた書籍を作ろうと会議を繰り返しました。

　現場に届く本にするにはどうしたらいいかを2年近く議論し続け、私たちが伝えたいことより、当事者が聞きたいことにまず応えようというコンセプトを立てました。そして、ワークショップで拾い上げたたくさんの「こんなことに困っている」声を、項目立てて整理し、「どうしてここが問題になるのか」を分析しました。そのうえで、担当を決めてそれぞれが執

筆し、その原稿をみんなで読み合いました。できあがった原稿をさらに、現場の若手プレイワーカーたちに読んでいただき、全部の項目にコメントをもらって、修正していきました。この間、先の本の編集者であった瀬川未佳さんを巻き込んで、全体のコーディネートから編集に至るまで全面的に参画していただくようになりました。都内で遊び場づくりや子育て支援の研修に関わっている瀬川さんは今や、強力な研究会メンバーです。

　執筆者は、当初の研究会メンバーの中でも、児童館・学童クラブから幾島博子さん、宮里和則さん、プレーパークから天野秀昭さん、関戸博樹さん、嶋村さん。一人ひとりが本を書けるエピソードをもつ職人たちです。屋内でも屋外でも、共通に通じる専門性を追究しました。そこに現場には出ていないけれど、心理臨床と研究の立場で後方支援をしている武田も加えていただき、子どもの放課後にさまざまな形でかかわるすべての人に向けた本が完成しました。これからのプレイワークの基本書になったと思います。

　出版にあたっては、二つ返事で引き受けてくださった学文社代表取締役田中千津子さん、細部に渡るまで私たちの想いを反映しようと心を込めて作業を進めてくださった編集者の落合絵理さん、ゲラを読んで一つひとつの原稿にていねいなコメントをくださった現場の若手プレイワーカーの皆さん、もうこの人しかないね！任せよう！というイラストレーターの大枝桂子さん、温かい推薦の言葉をくださった大先輩下浦忠治さんにお世話になりました。心から御礼申し上げます。そしてさらに、執筆にはかかわらなかったけれど一緒に歩んできたプレイワーク研究会メンバーの下村一さ

あとがき

ん、津田好子さん、西川正さん、私たちを育ててくれた子どもたちと多数
の実践家の皆さん、応援してくださったすべての皆さんに、深く感謝を捧
げたいと思います。

　この本が、日本のプレイワークのあけぼのとなりますように。

　2017 年 2 月
　　立春を過ぎたあたたかい日に

執筆者を代表して　武田 信子

執 筆 者 紹 介

武田 信子（たけだ のぶこ）
一般社団法人ジェイス代表理事。臨床心理士。東京大学大学院教育学研究科博士課程満期退学。元武蔵大学教授。トロント大学・アムステルダム自由大学大学院客員教授、東京大学教育学部非常勤講師、日本教師教育学会理事など歴任。臨床心理学、ソーシャルワーク、教師教育学をベースに、すべての子どもがウェルビーイングに暮らせる社会を目指し、体と心と脳の健康な発達を保障できる対人援助職の専門性開発やマルトリートメントの予防に取り組む。『やりすぎ教育』（ポプラ新書）、『子ども家庭福祉の世界』（有斐閣、共著）など著作多数。

嶋村 仁志（しまむら ひとし）
一般社団法人TOKYO PLAY代表理事。一般社団法人日本プレイワーク協会代表理事。プレイワーカー、プレイワーク・トレーナー。羽根木プレーパーク（世田谷区）を皮切りに、長年多くの冒険遊び場に関わり、近年は新規遊び場の立ち上げを仕事の中心としている。また、全国各地の児童館・学童保育・放課後児童クラブ職員に向けた研修を行う。IPA（International Play Association・子どもの遊ぶ権利のための国際協会）日本支部運営委員として、海外とのネットワークも幅広い。『プレイワーク　子どもの遊びに関わる大人の自己評価』（翻訳、学文社）等がある。

天野 秀昭（あまの ひであき）
NPO法人「園庭・園外での野育（のいく）を推進する会」理事長。日本初の民官協働による冒険遊び場「羽根木プレーパーク」で初代の有給プレーリーダー。世田谷・駒沢・烏山の3プレーパークを地域住民とともに開設。子どもが遊ぶことの価値を社会的に高め、普及・実践するための2つのNPO法人「日本冒険遊び場づくり協会」「プレーパークせたがや」を立ち上げる。2014年、幼稚園、保育園の園庭での遊びをもっと豊かなものにするためのNPO法人園庭園外での野育を推進する会を、2016年には遊びにかかわる大人の育成のための一般社団法人日本プレイワーク協会を発足。遊ぶ環境づくりの拡大とともに人材育成に当たっている。

幾島 博子（いくしま ひろこ）
NPO法人ふれあいの家-おばちゃんち代表理事。品川区の児童館、学童保育、すまいるすくーる（全児童放課後対策事業）にのべ35年間勤務。在職中の2002年にNPO法人ふれあいの家ーおばちゃんち設立に参画し、2014年より代表理事。ほかに、しながわチャイルドライン、TOKYO PLAY、JAMネットワーク、そとぼーよなどに関わる。ライフワークは「子どもの遊び、笑顔あふれるまちづくり」。信条は「自分自身の『やりたい気持ち』を大切に」「目の前のたった一人の人を大切に」「誠実」。

執筆者紹介

関戸 博樹（せきど ひろき）
NPO法人日本冒険遊び場づくり協会代表。フリーランスのプレイワーカー。渋谷はるのおがわプレーパークで常駐のプレーリーダーとして8年間勤務。その後、長男が1歳半から3歳半になるまでの2年間を主夫として過ごし、子育てを経験する。現在は全国のプレーパーク、児童館や放課後クラブ、保育園・幼稚園などに関わり、遊び場づくりのコーディネートやスタッフ研修を行っている。キーワードはエンパワメント。三児の父として地域での活動も大切にしている。

宮里 和則（みやさと かずのり）
プレイワーカー。品川区の児童館、学童保育、すまいるスクール（全児童放課後対策事業）に34年間勤務。現在はNPO法人ふれあいの家-おばちゃんちプレイパーク担当理事、NPO法人そとぼーよ副代表理事、こども冒険ひろばプレイワーカー。日本ダンゴムシ協会主宰。自然体験活動指導者（NEALリーダー）。CAPスペシャリスト。児童館実践の本としては日本初になった「ファンタジーを遊ぶ子どもたち」（共著、いかだ社）で1987年演劇教育賞を受賞。子どもたちと自然のかかわりで生まれるファンタジーを見つめ続けています。

瀬川 未佳（せがわ みか）
臨床心理士。公認心理師。専門は「家族と子ども」「子育て支援」。保育系出版社にて絵本や教材の編集者として10年間勤務後、AIU/CSPP大学院日本校にて修士号取得、臨床心理士となる。家族機能研究所IFF・CIAP相談室にて臨床経験を積む。江東区東陽子ども家庭支援センター「みずべ」に家族問題相談員として20年かかわり、現在はスーパーバイザーも兼務。子育て支援者のケースコンサルテーション、研修講師を得意とする。武蔵大学、東洋大学非常勤講師。一児の母。北区で子どもの遊ぶ場をつくる会理事。

◆ プレイワーク研究会による講師派遣のご案内 ◆

開催の目的、ご希望の研修テーマや現在の課題、場所、人数、時間、予算、連絡先、担当者のお名前をご記入のうえ、以下までお申し込みください。
プレイワーク研究会 playworkrg@gmail.com

遊ぶ・暮らす
子どもの放課後にかかわる人のQ&A50
―子どもの力になるプレイワーク実践

2017 年 3 月 10 日　第一版第一刷発行
2023 年 8 月 30 日　第一版第九刷発行

編　者　プレイワーク研究会

発行者　　田中　千津子

〒153-0064　東京都目黒区下目黒3-6-1
電話　03（3715）1501 ㈹

発行所　株式
　　　　会社 学 文 社

FAX　03（3715）2012
https://www.gakubunsha.com

Ⓒ Japan Society for Playwork Studies 2017
乱丁・落丁の場合は本社でお取替えします。
定価はカバーに表示。

印刷　新灯印刷
Printed in Japan

ISBN 978-4-7620-2681-2